समकालीन कविता का बीजगणित

समकालीन कविता का बीजगणित

कुमार कृष्ण

वाणी प्रकाशन
नयी दिल्ली-110002

वाणी प्रकाशन
4695, 21-ए, दरियागंज, नयी दिल्ली 110 002

शाखा
अशोक राजपथ, पटना 800 004

फ़ोनः +91 11 23273167 फ़ैक्सः +91 11 23275710

www.vaniprakashan.in
vaniprakashan@gmail.com

SAMKALEEN KAVITA KA BEEJGANIT
by Kumar Krishna

ISBN (9 Digit) : 81-8143-260-6
ISBN (13 Digit) : 978-81-8143-260-5
Criticism

संस्करण 2004
आवृत्ति संस्करण 2014

मूल्य : ₹ 250

हर्ष ऑफसेट, दिल्ली-110 093 में मुद्रित

वाणी प्रकाशन का लोगो मक़बूल फ़िदा हुसेन की कूची से

अल्पना भूलना, रूपकुँवरि कविता में रूपकुँवरि का बैकुण्ठ जाना, इन तमाम हिन्दुस्तानी खाँटी संस्कारों, आस्थाओं को विश्वनाथ प्रसाद तिवारी के कवि ने अपनी इन कविताओं में उसी तरह छुपाया है जैसे—

अँधेरे में वह धीरे से उठती
आग को और सावधानी से
छिपा देती राख में
जैसे अपने आँचल से ढककर हमें दूध पिला रही हो।

वर्तमान कविता में विभिन्न कवियों ने माँ को लेकर कविताएँ लिखने की कोशिश की है या फिर ऐसी बहुत-सी कविताएँ इधर लिखी गयी हैं जिनमें माँ का सन्दर्भ आया है किन्तु माँ को लेकर जो सात कविताएँ इस पुस्तक में संकलित हैं वैसी कविताएँ आज तक शायद ही किसी कवि ने लिखी हों। इसे विश्वनाथ प्रसाद तिवारी जैसा अत्यन्त संवेदनशील कवि ही लिख सकता है। विश्वनाथ प्रसाद तिवारी सौन्दर्य, संघर्ष तथा जीवनबोध के कवि हैं। इसीलिए ये कविताएँ अपने तन्तु-विन्यास के अन्दाज के कारण अद्भुत हैं। इन कविताओं में पीड़ा, तड़प, तकलीफ, विह्वलता, दर्द, बेचैनी और जो तनाव देखने को मिलता है वह 'सरोज-स्मृति' के बाद पहली बार हिन्दी-कविता में मैंने महसूस किया। वैसे ये सात कविताएँ एक व्यापक पीड़ादायक अनुभव के बीच से फूटी छोटी-छोटी कविताएँ हैं किन्तु तड़प और तकलीफ का जो शिकंजा यहाँ विद्यमान है उसकी पकड़ से कविता का सामान्य से सामान्य पाठक भी लम्बे समय तक नहीं छूट पाएगा। मैं इन सात कविताओं को ग्रामीण रागात्मक बोध की निष्पाप मर्मस्पर्शी तरल कविताएँ कहना चाहूँगा जहाँ माँ माँ होकर भी माँ नहीं रहती—

माँ नहीं थी वह
आँगन थी
द्वार थी
किवाड़ थी
चूल्हा थी
आग थी
नल की धार थी।

सन्दर्भ संकेत

1. विश्वनाथ प्रसाद तिवारी, रचना के सरोकार, पृ. 102
2. वही, पृ. 112
3. कवि के साक्षात्कार से उद्धृत।
4. समकालीन भारतीय साहित्य, अंक 25, पृ. 194
5. कवि के साक्षात्कार से उद्धृत।

●●●

अनुक्रम

मनुष्य का दूसरा जीवन होता है या नहीं यह तो मैं नहीं जानता किंतु इतना निश्चित है कि कविता शब्द का दूसरा जीवन है जो कवि के विजन और अनुभव से उसे मिलता है। कविता लिख लेने के बाद जब मैं उसे पढ़ता हूँ तो मुझे लगता है कि मैं अपने आप से बात कर रहा हूँ, अपने आसपास की दुनिया से बात कर रहा हूँ। मैं अकेला नहीं हूँ मेरे अनगिनत साथी मेरे साथ हैं। मैं अपने समकालीन कवियों की कविताओं के साथ अपनी कविताओं को बार-बार पढ़ता हूँ। मुझे लगता है स्मृति को ज़िंदा रखने का सबसे खूबसूरत और जीवन्त माध्यम यही है। यही है जो हमारे सौंदर्यबोध को जंग लगने से बचाता है। यही है जो हमारी संवेदनाओं का परिष्कार करता है और मनुष्य को बनाता है। यह लिखते हुए मुझे अपने मित्र कवि लीलाधर जगूड़ी की पंक्तियाँ याद आ रही हैं कि कविता अपने समय की समझ से पैदा होती है। मनुष्य की समझ को ही मैं समय की समझ कह रहा हूँ। क्योंकि समय का भी दिमाग मनुष्य में ही काम करता है। सारी नश्वरताओं के बीच सौंदर्य बहुत टिकाऊ चीज है। इस तरह हर समय की कविता अपनी समझ, अपना सौंदर्य और बोध स्वयं रचती है। पिछले पचास वर्षों की हिन्दी-कविता में किसी बड़े होते हुए छोटे बच्चे की हड्डियों जैसी कमजोरी और शक्ति दोनों हैं। वर्तमान हिंदी कविता में अभी बहुत से अज्ञात अनुभव क्षेत्रों को शामिल होना है। अनुभव के नये इलाके जुड़ने हैं। पिछले दशकों में एकरूपता की अजब ऊब के बावजूद कुछ कवि उसे तोड़ते दिखते हैं। ऐसे ही कवियों की कविताओं से समकालीन कविता का बीजगणित तैयार होता है जिसका एक छोटा सा आरंभिक अंश इस किताब में प्रस्तुत है। यह आधी-अधूरी तस्वीर है। लगभग मुकम्मल तस्वीर तो तब बनेगी जब केदारनाथ सिंह, मंगलेश डबराल, उदय प्रकाश, राजेश जोशी, असद जैदी, भगवत रावत, नरेंद्र जैन, स्वप्निल श्रीवास्तव, एकांत श्रीवास्तव, देवीप्रसाद मिश्र, बद्रीनारायण, निलय उपाध्याय, बोधिसत्व, श्रीरंग आदि कवियों की कविताओं पर भी विचार किया जाएगा। यह समकालीन कविता के बीजगणित का अगला सोपान होगा।

'सत्यप्रिया' —कुमार कृष्ण

कैथलीघाट, सोलन-173 215 (हिमाचल प्रदेश)

समकालीन हिन्दी कविता

समकालीन कविता 'नयी कविता' के विविध आन्दोलनों में एक महत्त्वपूर्ण आन्दोलन है। कविता में इसकी शुरुआत छठे दशक से मानी जाती है। साठोत्तरी कविता इसका समप्रचलित नाम है। समकालीन कविता को एक आन्दोलन रूप में लाने तथा कविता की सही सार्थक पहचान करवाने में धूमिल का नाम अनेक दृष्टियों से महत्त्वपूर्ण है। पर डॉ. विश्वंभरनाथ उपाध्याय समकालीन कविता को अपने समय के मुख्य अन्तर्विरोधों तथा द्वन्द्वों की कविता स्वीकारते हुए अपना मत प्रस्तुत करते हैं, 'समकालीन कविता में जो हो रहा है 'बिकमिंग' का सीधा खुलासा है। इसे पढ़कर वर्तमान काल का बोध हो सकता है क्योंकि उसमें जीते, संघर्ष करते, लड़ते, तड़पते, गरजते तथा ठोकर खाकर सोचते वास्तविक आदमी का परिदृश्य है। आज की कविता में काल अपने गत्यात्मक रूप में है, ठहरे हुए 'क्षण' या 'क्षणांश' के रूप में नहीं। यह 'काल क्षण' की कविता नहीं, काल प्रवाह आघात और विस्फोट की कविता है। डॉ. उपाध्याय के समान डॉ. नामवर सिंह, डॉ. इंद्रनाथ मदान, डॉ. बच्चन सिंह, डॉ. रमेश कुंतल मेघ, डॉ. रामविलास शर्मा तथा डॉ. रामस्वरूप चतुर्वेदी ने समकालीन कविता का सैद्धान्तिक विवेचन-विश्लेषण अपने-अपने प्रतिमानों, सिद्धान्तों एवं दृष्टियों के आधार पर किया है। वस्तुतः समकालीन कविता की निश्चित परिभाषा दे पाना सम्भव नहीं है—पर इस कविता का आधार यथार्थ है। जीवन की विसंगतियों को विशेष महत्त्व दिया जाता है। साहित्य में असौन्दर्य को महत्ता दी जाने लगी। सपाटबयानी में जीवन के वास्तव को प्रस्तुत करना समकालीन कविता का महत्त्वपूर्ण कार्य है। यही कारण है कि समकालीन कविता को नया धरातल मिला है—चेतना-शिल्प में नवीनता है। इसी आधार पर हम धूमिल को समकालीन कवियों में शब्दों का जादूगर मानते हैं। समकालीन कविता में मनुष्य की प्रतिमा स्थिर, जड़, निष्क्रिय और दार्शनिक नहीं है। उसमें चित्रित आदमी की शक्ल है जिसे आप पहचान सकते हैं, जान सकते हैं जब कि नयी कविता के क्षणवादियों को, जब तक कौंधते क्षणांशों में निमग्न, मानव-प्रतिमा को आप पूरी तरह नहीं जान सकते।'[1]

समकालीन कविता अथवा साठोत्तरी कविता बदलते हुए मूड की कविता है,

जिसका पूरा स्ट्रक्चर कथ्य के अनुकूल है। उसकी भाषा बोलचाल की भाषा है जिस पर आभिजात्य का मुलम्मा नहीं चढ़ा है, जो विद्रूप यथार्थ को रंगीन बनाकर पेश करता है। यह बात एक-दो उदाहरणों से स्पष्ट हो जाएगी। धूमिल जैसा कवि 'अकाल दर्शन' नामक कविता में लिखता है—

अक्सर वे अपराध के असली मुकाम पर
अँगुली रखने से मना करते हैं।
जिनका आधे से ज्यादा शरीर
भेड़ियों ने खा लिया है
वे इस जंगल की सराहना करते हैं
भारतवर्ष नदियों का देश है।
बेशक यह ख्याल ही उनका हत्यारा है
यह दूसरी बात है कि इस बार
उन्हें पानी ने मारा है।

इसी कवि के शब्दों में कहें तो 'छायावाद के कवि शब्दों को तोलकर रखते थे, प्रयोगवाद के कवि शब्दों को टटोलकर रखते थे, नयी कविता के कवि शब्दों को गोल कर रखते थे, सन् साठ के बाद के कवि शब्दों को खोलकर रखते हैं।' धूमिल का समकालीन कवि के सम्बन्ध में कहना है कि कविता का एक मतलब यह भी है कि आप आज तक और अब तक कितना आदमी हो सके हैं। दूसरे शब्दों में कहूँ तो यह कि कविता की असली शर्त 'आदमी' होना है।...आज का कवि वैज्ञानिक चेतना का कवि है। एक ऐसा कवि, जिसकी दृष्टि विश्व की सम्पूर्ण क्रियाशीलता का अध्ययन कर रही है। उसके सामने तीव्रगामी विकास है, निरन्तर परिवर्तन की श्वास से दहकता हुआ। हर वस्तु, हर मान्यता टकराती हुई, टूटती हुई और पुनः संयोजित होने के लिए आतुर और स्थापत्य की इस भयावह संक्रामकता में अस्तित्व अकेला रह गया, घुटन भरे वातावरण में खंडित व्यक्तित्व। पर अनास्था हमारी कविता का मूल स्वर नहीं और उसके प्रमाण हैं नयी कविता के कुछ अकुंठित गायक...। आज नयी कविता बदनाम है, अपने शिल्पगत प्रयोगों के लिए नहीं, वस्तुगत जीवन मूल्यों के लिए नहीं बल्कि खंडित बिम्बों के लिए, अस्पष्ट, नितान्त असंगत एवं बौद्धिक प्रतीकों के लिए, अपनी गद्यात्मक एकलयता की वृत्ति के लिए और साथ ही घुटन में ऊबकर; शहीद होने की दिखावट के लिए। नयी कविता का नाम सुनकर हमारा पाठक कविता के प्रति अनास्था से उसी प्रकार भर उठता है जैसे किसी महन्त को देखकर धर्म के प्रति। क्योंकि विगत छल-कपट एवं आत्मिक कष्ट, प्रवंचनाओं की प्रतिक्रिया हमारे विश्वास को झकझोर देती है। उसे कविता की अप्रेषणीयता या पाठक का बौद्धिक अविवेक कहकर झुठलाना वृथा है। हमें नयी कविता के आगे सोचना है, नयी कविता के नाम पर फैली विकृति के विषय में सोचना है। दलदल पर नये तख्ते रखने हैं ताकि नये

भाव, नयी आस्थाएँ उसे पार कर सकें। इसके लिए हमें एकान्त की 'दमघोंट' उचाट से बाहर निकलकर, प्रश्नों के उत्तर ढूँढ़ते चौरस्तों पर खड़ा होना पड़ेगा।... युवा लेखन अपना काम कर रहा है। पत्रिकाओं में और किताबों में, पाठ्यक्रमों में संठ होने की जगह वह तेजी से 'जरूरी जनता' के हाथों तक, उनकी जुबान तक पहुँच रहा है।...युवा लेखन के लिए राजनीतिक समझदारी जरूरी है। बिना इस राजनीतिक समझदारी के आज का लेखन संभव नहीं है।[2]

युवा लेखन के सम्बन्ध में चर्चा करते हुए केदारनाथ सिंह ने एक स्थान पर कहा है कि विगत युग के लेखक इस माने में सौभाग्यशाली थे कि उनके सामने एक स्थायी विकल्प सदैव उपस्थित रहता था--कभी ईश्वर, कभी धर्म, कभी मानवीय आदर्श के रूप में। पर आज के लेखक की सबसे बड़ी ट्रेजिडी यही है कि वह अपनी रचनात्मक यात्रा उस बिंदु से शुरू ही करता है जहाँ सारे विकल्प समाप्त हो गये से लगते हैं। इसलिए हर बार उसे अनुभव के स्तर पर एक नये विकल्प की खोज करनी पड़ती है--हालाँकि वह अच्छी तरह जानता है कि जो वास्तविकता उसके सम्मुख है उसका कोई विकल्प हो ही नहीं सकता।

समकालीन कविता को या कहें कि साठोत्तरी कविता को 'नयी कविता' अथवा पूर्ववर्ती कविता से अलग करने वाली कोई सीमा-रेखा या कोई बिन्दु खोजना काव्य प्रकृति की संश्लिष्टता को ज्यामितीय या गणितीय फार्मूले से हल करने जैसी भूल होगी। वस्तुतः अपनी उपयोगिता और भौतिक परिस्थितियों को 'आउटग्रो' कर जाने वाली हर व्यवस्था या दर्शन अथवा 'सुपर स्ट्रक्चर' के भीतर से ही उसे नष्ट करके उसकी जगह लेने वाली शक्तियाँ जन्म लेती हैं और हम जरा-सा गौर से देखें तो समकालीन कविता हमें नयी कविता की कमियों और अन्तर्विरोधों के भीतर से ही जन्म लेती दीखती है। गजानन माधव मुक्तिबोध की कविताएँ नयी कविता की बहुप्रचारित, बहुपरिचित जमीन से अलग दीखती हैं और उनकी पुस्तक 'चाँद का मुँह टेढ़ा है' का प्रकाशन नयी कविता के अन्तर्विरोध को एक विस्फोट बिन्दु तक पहुँचा देता है। इतना ही नहीं मुक्तिबोध की काव्य-प्रतिभा और काव्य-स्वरूप समकालीन कविता का प्रमाण बिन्दु बन जाता है। पिछले दशकों में काव्य-चेतना और समाज-चेतना के इन दो प्रायः परस्पर विरोधी धाराओं का अन्तर्दन्द्व ही समकालीन कविता के स्फुरण को आयाम देता है।

साठोत्तरी कविता अपनी पूर्ववर्ती कविता से वैविध्य और वैचित्र्य रखती है। सच्चाई यही है कि छायावादी कविता युग की आवश्यकताओं के साथ न चल पायी फलतः कवि की अन्तश्चेतना ने विद्रोह का रूप धारण किया और 'नयी कविता' का प्रादुर्भाव हुआ। थोड़े समय में ही 'नयी कविता' भी शिथिल होकर अपर्याप्तता की प्रतीति कराने लगी। फलतः इसके विरोध में भी नारा बुलन्द किया गया। इसे एक स्वाभाविक विकास ही माना जा सकता है। वास्तविकता यही है कि ऊपर चढ़ने

की प्रक्रिया में हर सोपान का अपना महत्त्वपूर्ण स्थान होता है और विकासक्रम में हर कदम पिछले कदम से एक कदम आगे होता है। इसी सन्दर्भ को लक्षित करते हुए रामधारी सिंह 'दिनकर' ने लिखा है कि हर युग नया जल लेकर आता है और युग जब जाने लगता है, तब उसके लाये हुए जल से आगामी युग की प्यास नहीं बुझ पाती, इसलिए, प्रत्येक युग को अपना कुआँ आप खोदना पड़ता है। साठ के बाद जिस नयी पीढ़ी के आगमन की बात कही जाती है उसमें विद्रोही पीढ़ी, क्रुद्ध पीढ़ी, श्मशानी पीढ़ी, अकविता, अस्वीकृत कविता, युयुत्सावादी कविता, प्रतिबद्ध कविता वालों की पीढ़ी भी सम्मिलित है। क्योंकि इन सभी का रूप, सभी की अभिव्यक्ति, सभी के दावे, सभी की भावनाएँ प्रायः एक-सी ही हैं और ये सभी समकालीन मानसिक स्थिति को रूपायित करने का दावा करते हैं।

साठ के बाद की कविता नवीन काव्याभिरुचि, नवीन सौंदर्यबोध और नये संवेदन की कविता है। इसमें सामान्य व्यक्ति के आक्रोश, विरोध, विद्रोह, क्षोभ, उत्तेजना, तनाव और छटपटाहट की प्रधानता है। राजकमल चौधरी की 'मुक्ति-प्रसंग' कविता को नयी कविता से अलग हटने का प्रयास माना जाता है। उसे अस्वीकृति की कविता भी कहा गया है। साठोत्तरी कविता समाज की मृत मान्यताओं, टूटती हुई परंपराओं और सामाजिक, राजनीतिक भ्रष्टाचार से क्षुब्ध युवा मानस की अभिव्यक्ति है। उसे आज की बिखरी हुई दोहरी जिंदगी और बदलते मानवीय संबंधों की अभिव्यक्ति कहा जाता है। अगर इस प्रकार कविता, जुलूस, नारे, लाठीचार्ज, कर्फ्यू, चुनाव, मतदान, भीड़ और संसद की बात करती है तो इसलिए कि वह मनुष्य को सही परिवेश में रखना चाहती है।[3]

साठोत्तरी कविता मुख्यतः साधारण आदमी की पहचान की और उस पहचान की तलाश की कविता है। इसलिए वह अज्ञेय आदि कवियों की आत्मनिष्ठा और आत्मलीनता की बजाय मुक्तिबोध की विकलता और प्रतिबद्धता को अपने अधिक निकट पाती है। इसी के अनुकूल उसका एक नया साँचा भी उभरा है, जिसमें विषय, स्वर और अभिव्यक्ति के स्तरों पर एक नयी तलाश और इसीलिए एक नयी तात्कालिकता के चिह्न उपलब्ध होते हैं। साठोत्तरी कविता सही माने में जनतंत्र की कविता है। जिसमें जनगण के सुख-दुख ही नहीं, आदमी की नियति के प्रति भी एक सीधा सरोकार है। धूमिल के 'संसद से सड़क तक' तथा लीलाधर जगूड़ी के 'नाटक जारी है' जैसे काव्य-संग्रहों के सहारे साठोत्तरी कविता का अच्छा-खासा परिचय मिल जाता है। साठोत्तरी कवियों में धूमिल और जगूड़ी ने पहली बार अपनी कविता में एक ऐसी जमीन को उजागर किया जहाँ--

झोलों से फाइलों तक एक सड़क है/शहर है
कुर्सियों पर मरने के लिए
गाँव हैं/फसलों पर रोते हुए
दो बैल हैं।

तरक्की पर आदमी के साथ जोते हुए।

इस समूची दुनिया के बीच यह पूरे देश का अकेलापन, शर्म, पराजय तथा दिशाहीनता है जो कविता में एक मतदाता की नयी अभिव्यक्ति के रूप में उपस्थित है। रघुवीर सहाय के शब्दों में, 'कितना अकेला हूँ मैं इस समाज में, जहाँ सदा मरता है एक और मतदाता।' मुसद्दीलाल से खुशीराम तक तमाम नाम हमारे इर्द-गिर्द के हैं और कविता को एक बार पुनः समाज-सापेक्ष बनाया जा सकता है, इस बारे में सारे भ्रम दूर हो गये हैं। जनता और राजनीति का कविता में एक व्यापक मानवीय धरातल पर पुनः उतरना आज के संक्रमणशील परिवेश को समग्रता में देखने की कोशिश है।

साठोत्तरी कविता उस पीढ़ी की कविता है जिसने 15 अगस्त 1947 को अपनी निर्बोध और भोली आँखों से स्वतन्त्रता-प्राप्ति का जुलूस, लाल-नीले रंग-बिरंगे बल्ब देखे थे। स्वतन्त्रता के बीस वर्ष बाद जब वह अपनी जवान आँखें मलती है तब स्वतन्त्रता का एक नया अर्थ उसकी आँखों में तैर जाता है और व्यक्ति से लेकर अन्तर्राष्ट्रीय समस्याएँ महँगाई, टूटन, धुआँ, कोलाहल और सारी-की-सारी विशृंखलित स्थितियाँ उसकी आँखों में प्रश्नवाचक बनकर चुभने लगती हैं और वह महसूसने लगती है कि वे मरुस्थल में जन्मी हैं। यही वजह है कि कवि बीस साल बाद अपने आप से प्रश्न करता है–

क्या आजादी तीन थके हुए रंगों का नाम है
जिन्हें एक पहिया ढोता है
या इसका कोई खास मतलब होता है?

समस्याओं से छलविहीन होकर जूझने के कारण साठोत्तरी कविता की भाषा पत्रकारिता की भाषा बन गयी है और यहीं वह पीली-सी लगने लगती है। डॉ. विजयमोहन सिंह के शब्दों में कहें तो कविता की भाषा को कुछ खास शब्दों से एलर्जी नहीं होनी चाहिए। वरना वह नये सिरे से रोमांटिक होने लगती है जैसे साठोत्तरी कविताओं में क्रुद्ध प्रतिक्रियाएँ भी नुकसानहीन रोमांटिक आक्रोश में बदल जाती हैं, क्योंकि कुछ खास शब्दों का इस्तेमाल शब्दों की एक 'औपचारिक संस्कृति' बना देता है जो असरहीन होती है।

समकालीन कविता : विद्रोह और तनाव की अभिव्यक्ति

विद्रोह क्या है? स्वतन्त्रता की छटपटाहट। सार्त्र कहता है कि विद्रोह मनुष्य के अस्तित्व के लिए आवश्यक कारणों में से एक है। साधारण तौर पर मानव मानवीय परिस्थितियों के विरुद्ध विद्रोह करता है। स्वीकृत रूढ़ प्रतिमानों के समानान्तर अपने मौलिक अस्तित्व के परिप्रेक्ष्य में गृहीत स्वतन्त्र-दृष्टि की प्रतिष्ठापना विद्रोह-चेतना का अनिवार्य उत्स है।[5] इस दृष्टि से देखें तो साठोत्तरी पीढ़ी का अधिकांश साहित्य एक भिन्न स्तर

का नहीं सर्वथा भिन्न परिवेश और भिन्न सन्दर्भ का साहित्य है। कथ्य, तथ्य और मूल्यों की दृष्टि से यह नयी कविता से सर्वथा भिन्न आन्दोलन है। 'विद्रोह', 'क्रान्ति', 'विसंगति', 'विघटन' और 'आतंक' उसके लिए अनुभव न रहकर जीवित संस्कार बन गये हैं। इन संस्कारों को जन्म देने के लिए समसामयिक परिवेश बहुत कुछ उत्तरदायी है।

समकालीन कविता के लिए राजनीति जीवन्त सच्चाई रही है। लेकिन इस राजनीति ने उसे राहत देने की अपेक्षा आहत अधिक किया है। पंचवर्षीय योजनाओं में 210 अरब रुपये फूँकने के बावजूद भी गरीबी, बेकारी, महँगाई, भुखमरी, अकाल, बाढ़, जातिवाद, कुर्सीमोह और कर्जे न केवल बदस्तूर बने रहे थे अपितु रक्तबीज की तरह फलते-फूलते रहे थे। चीन-संघर्ष में पराभूत होने के बाद बुद्धिजीवियों को पहली बार अहसास हुआ था कि हमारी विदेशी रक्षा और गृहनीति कितनी असफल रही है। राजनीति में गैरकांग्रेसियों की गद्दीनशीनी का जो दौर आया था, उसने सत्ता संघर्ष और दल बदल नीति को अपनाकर देश और जनता की अपार हानि की थी। कुर्सी से चिपके रहने के लिए मात्र टोपियाँ ही बदलीं। जिन राज्यों में संविद घटकों ने समान कार्यक्रम के क्रियान्वयन के लिए कदम उठाये, उनमें परस्पर संघर्ष होने के कारण संगठन कायम नहीं रह सका। कुछ अपनी मौत मरे, केन्द्रीय सरकार के इशारों पर गिराए गये। केरल, बंगाल और हरियाणा में यही हुआ। इस राजनीतिक अव्यवस्था ने दूसरे दौर में जनता को पूरी तरह झिंझोड़ दिया। महँगाई और गरीबी के पाटों में भारतीय जनता का अधिकांश भाग पिसता रहा था। आम जनता की आय 80 पैसे प्रतिदिन से आगे नहीं बढ़ी। 35 करोड़ भारतीयों को दिन भर में 250 ग्राम से अधिक अन्न खाने को नहीं मिलता था। ऐसी स्थिति में भारत का प्रत्येक चेतनशील व्यक्ति पूँजीवादी अर्थव्यवस्था के दौर में समाजवादी कदमों का स्वागत ही करता, क्योंकि वे उनके हृदय की आकांक्षाओं के प्रतिरूप हो सके थे। दूसरी ओर पाश्चात्य देशों में मूल्यों का विघटन प्रथम विश्वयुद्ध से प्रारम्भ हो चुका था। जैसे-जैसे मूल्य विघटित होते जा रहे थे, वैसे-वैसे अनास्था, कुण्ठा, वेदना, निराशा, मृत्युबोध, सन्त्रास और असंतोष के स्वर उभरते रहे। इसलिए जेम्स ज्वायस, यीट्स, स्टीफन, ज्विग, सार्त्र, कामू, काफ्का, हेडेगर, यास्पर्स, जान कैरूवाक, कोसों और विलियम बरोज उसी 'एंग्जाइटी' के परिवेश को चित्रित करते रहे जो तात्विक निस्सारता से जर्जर, खोखला और बेनकाब हो चुका था। यांत्रिक परिवेश और यांत्रिक सभ्यता में आदमी का दम घुट रहा था, तभी अमेरिका में नकली मुखौटाधारियों, धूर्तों, दोगलों, रंगभेदियों और वियतनामियों के नृशंस हत्यारों के विरुद्ध बीटनिकों और हिप्पियों ने तिजारत की सभ्यता, रिक्तता और विसंगतियों के विरुद्ध इंग्लैण्ड की क्रुद्ध पीढ़ी, बंगाल की भूखी पीढ़ी, जापान की सन-ट्राइबर्स पीढ़ी, बर्बर हैपनिंग पीढ़ी ने और नक्सलपन्थियों ने विद्रोह का बाना धारण किया था।[6]

इन संकेतों से स्पष्ट है कि साठोत्तरी कविता का परिवेश विद्रोह के लिए उर्वर बना हुआ था। साठोत्तरी स्थितियों पर विचार करने के साथ-साथ जो दो-तीन बातें स्पष्ट रूप से सामने आती हैं वे ये हैं कि पिछले तीस वर्षों में यदि किसी चीज का तेजी से विकास हुआ है तो वह हमारे सामाजिक, आर्थिक, राजनीतिक जीवन की विसंगतियाँ हैं। हमारे सामने जो नैतिक मूल्य आज से तीस वर्ष पहले थे वे एकदम झूठे पड़े हुए से दिखलाई पड़ते हैं। जो वैध और अवैध दृष्टि थी वह भी चुकी हुई लगती है। इस परिवर्तन को नयी कविता के मुक्तिबोध, रघुवीर सहाय, सर्वेश्वरदयाल सक्सेना और लक्ष्मीकान्त वर्मा ने आन्तरिक रचना-विधान में व्यक्त किया था। इन कवियों ने अपने-अपने ढंग से युग की विसंगतियों और विडम्बनाओं को देखा है, युग की मूल्यहीनता को अनुभव किया है। मुक्तिबोध में मोहभंग की स्थिति है अतः वे साठोत्तरी कविता से सीधे जुड़ जाते हैं। दूसरी ओर विजयदेव नारायण साही, धर्मवीर भारती, कुँवरनारायण जैसे कवि हैं जो मूल्यहीनता को मिथकों के सहारे व्यंजित करके नयी अर्थवत्ता का संकेत भर देते रहे हैं। साठोत्तरी कवियों ने इनसे एक कदम आगे बढ़कर अपने सम्पूर्ण इतिहास और परिवेश से व्रिदोह किया था। किन्तु विद्रोह निरा रोमानी और शारीरिक भी हो सकता है इसे भी समकालीन कविता से परखा जा सकता है। पाश्चात्य साहित्य में यौन प्रसंगों की भरमार डी. एच. लारेंस और जेम्स ज्वायस जैसे लेखकों से प्रारंभ हो गयी थी। बीट लेखकों, गिन्सबर्ग, कैरूवाक, कोसों का विलियम वरोज की रचनाओं में यौन सम्बन्धों, योनियों, स्तनों, सम्भोग के सम्भव और असम्भव रूपों और आक्रामक बिम्बों की बहुतायत है। कला और साहित्य में यौनाकर्षण नयी बर्बरता को जन्म दे रहे थे। इन्हीं से प्रभावित होकर समकालीन कविता का एक वर्ग विद्रोह के नाम पर नारी के पाशविक उपभोग तक सीमित रह गया था। इसीलिए अकवितावादियों की यह यौन क्रान्ति अधिक नहीं चली। डॉ. गोविन्द रजनीश लिखते हैं कि इस समय की कविताओं में जंघाओं, स्तनों, योनियों, लिंगों और सम्भोग के सम्भव-असम्भव रूपों और आक्रामक यौन बिम्बों की बाढ़ आने से ऐसा लगता था कि कवियों का सारा विद्रोह नारी-शरीर के इर्द-गिर्द ही सिमटकर रह गया है।[7]

गहराई से देखें तो ज्ञात होगा कि विद्रोह का सही रूप न तो व्यक्तिगत आक्रामक शाब्दिक नारेबाजी में है और न उधार लिए हुए खोखलेपन में और न यौन विद्रोह में। इसी प्रकार इस दशक की सही विद्रोही कविता उन कवियों की है जिन्होंने सामाजिक और राजनीतिक यथार्थ से सीधा साबिका पैदा किया है, जिनके लिए राजनीति एक जीवन्त एवं कठोर सत्य बन कर आयी है। इनकी कविता में वास्तव में वह कविता है जिसमें सामान्य व्यक्ति के आक्रोश, विद्रोह, क्षोभ, उत्तेजना, तनाव और छटपटाहट की प्रधानता है। राजकमल चौधरी की 'मुक्तिप्रसंग' कविता को नई कविता से अलग हटने का प्रयास माना जाता है। उसे 'अस्वीकृति' की कविता भी कहा गया है।

समकालीन कविता समाज की मृत मान्यताओं, टूटती हुई परम्पराओं और सामाजिक, राजनीतिक भ्रष्टाचार से क्षुब्ध युवा-मानस की अभिव्यक्ति है। यदि यह जुलूस, नारे, लाठी-चार्ज, कर्फ्यू, मतदान, भीड़ और संसद की बाट करती है तो इसलिए कि वह मनुष्य को सही परिवेश में रखना चाहती है।[8] समकालीन कविता को एक आन्दोलन रूप में लाने तथा कविता की सही सार्थक पहचान करवाने में धूमिल का नाम अनेक दृष्टियों से महत्त्वपूर्ण है। डॉ. विश्वम्भर नाथ उपाध्याय समकालीन हिन्दी कविता को अपने समय के मुख्य अन्तर्विरोधों तथा द्वन्द्वों की कविता स्वीकारते हैं।[9] जिन्दगी के जलते हुए अनुभवों को समकालीन कवियों की विचारशीलता ने कविताओं के रूप में ढाला है। यही कारण है कि उनकी कविताओं से विद्रोह की लपटें निकलती रहती हैं। कोमलता, क्रान्ति और माधुर्य के प्रेमी काव्य-रसिकों और आलोचकों को वे लपटें दुख पहुँचाती हैं।[10]

समकालीन कविता में भाषा और संवेदना के स्तरों पर एक तनावपूर्ण मुहावरा उभरा है। यह व्यक्ति और समाज के बदलते हुए रिश्ते के कारण भी है और आधुनिक व्यक्ति के आत्मसंघर्ष से उत्पन्न द्वन्द्वात्मक मनःस्थितियों के कारण भी।[11] समकालीन कवियों की कविताएँ अपने पूर्ववर्ती रचना-संसार से अलग नयी बेचैन दुनिया के आत्मसंघर्षों, पराजयों तथा उनसे मिली आन्तरिक तनाव प्रक्रियाओं की काव्यात्मक परिणतियाँ हैं। इधर की कविता के सम्बन्ध में तनाव का जिक्र फिर-फिर किया गया है। मैं इसी तनाव को ही कविता की रचना का कारण मानता हूँ। कविता मनुष्य के तनावों को व्यवस्था प्रदान करती है। यही कारण है कि आज संगीत का स्थान इसी तनाव ने ले लिया है। कविता में आज तनाव का संगीत है। उसकी लय तनाव की लय है। उसका संसार तनाव का संसार है।[12] मुक्तिबोध की अधूरी दीर्घ कविताओं में यही तनाव बराबर देखने को मिलता है। 'तार सप्तक' के वक्तव्य में उन्होंने स्पष्ट लिखा है—'यह स्वीकार करने में मुझे संकोच नहीं कि मेरी हर विकासस्थिति में मुझे घोर असन्तोष रहा। मानसिक द्वन्द्व मेरे व्यक्तित्व में बद्धमूल है। फलतः गुप्त अशान्ति मन के अन्दर घर किए रहती है। मेरी ये कविताएँ अपना पथ ढूँढ़ने वाले बेचैन मन की ही अभिव्यक्ति हैं।'

समकालीन रचनाकारों में सामाजिक ढाँचे के प्रति एक आक्रोश एवं व्रिदोह का जो अस्वीकारात्मक स्वर था यह उसकी तलाश है, वह नितान्त बेमानी और फैशन का रूप नहीं है जैसा कि अनेक समकालीन आलोचकों का मत है।[13] वस्तुतः राजनीति ने जीवन के हर पहलू को आक्रान्त कर रखा है। यही कारण है कि समकालीन कविता में ऐतिहासिक और सामाजिक यथार्थ का सही दस्तावेज है जो झिंझोड़ता है, कोंचता है और तिलमिलाता है। राजनीतिक विसंगतियों का ऐसा व्यंग्यपरक खाका है जो मन को छीलता है, त्रासता है। ये कविताएँ वामपन्थी भी हैं और व्यवस्था विरोधी भी। इनमें विद्रोह का नकली बाना न होकर संवेदनाओं और धड़कनों की सही पकड़

है।[14] धूमिल की 'पटकथा', जगूड़ी की 'अनैतिक', कमलेश की 'जरत्कारू' आदि कविताएँ आज के तनाव, समय की विद्रूपताओं, विसंगतियों, राजनीतिक दुरभिसंधियों, विडम्बनाओं तथा आज के आदमी की नियति को अधिक उजागर करती हैं।

लीलाधर जगूड़ी, ज्ञानेन्द्रपति, चन्द्रकान्त देवताले आदि व्यापक रूप से आक्रोश और तनाव के कवि हैं। अनेक स्थलों पर इनका अनुभव आक्रोश की उत्तेजनाओं से मुक्त होकर कहीं अधिक गहरे स्तर पर व्यंजित हुआ है। लीलाधर जगूड़ी का 'सांस्कृतिक प्रार्थना' शीर्षक कविता में कहना है–

पिछले लोग जहाँ से घुसे थे वहीं से निकल रहे हैं
आखिर किस गलती से हुआ है यह विगत जागरण
और अजबक सवेरा?
हम कहीं भी अंट-संट छेद करके एक रास्ता बनाएँगे
और गुजर जाएँगे
आवेशों की अर्थहीन लय में
फिलहाल
सम्बन्धों की छुट्टी मनाएँगे
और हो सकेगा तो
अपने भी काम नहीं आएँगे।

समकालीन कवियों में धूमिल, कमलेश, देवेन्द्रकुमार आदि ऐसे कवि हैं जिन्हें युग की विडम्बनाओं, विकृतियों और विसंगतियों का गहरा अहसास है पर उनमें भावावेश, आक्रोश और उत्तेजना उस मात्रा में नहीं है जो अन्य कवियों में दृष्टिगत होती है। धूमिल की कविताएँ युवा मानसिकता और देश के बदलते तेवरों को संयमित ढंग से व्यंजित करती हैं। 'अकाल दर्शन', 'मोचीराम', 'उस औरत की बगल में लेटकर' तथा 'पटकथा' में धूमिल का दायित्वबोध अधिक प्रबल रहा है। लेकिन 'शहर में सूर्यास्त' जैसी कविताओं में उसका आक्रोश तीखा हो गया है–

इस देश के बातूनी दिमाग में
किसी विदेशी भाषा का सूर्यास्त
फिर सुलगाने लगा है
लाल हरी झंडियाँ
जो कल तक शिखरों पर फहरा रही थीं
वक्त की निचली सतहों में उतरकर
स्याह हो गयी हैं और चरित्रहीनता
मन्त्रियों की कुर्सियों में तबदील हो चुकी है
और हवा में एक चमकदार गोल शब्द
फेंक दिया है–जनतन्त्र

जिसकी रोज सैकड़ों बार हत्या होती है
और हर बार
वह भेड़ियों की जुबान पर जिन्दा है।

धीरे-धीरे कुछ समकालीन कवियों का विद्रोह अतिशय निराशा और निरर्थकता में परिणत हो गया। न कुछ कर पाने की विवशता ने इन कवियों को इस स्थिति तक ला दिया कि श्रीकान्त वर्मा 'मायादर्पण' में कहने लगे–

कोई भी जगह नहीं रही
रहने के लायक
न मैं आत्महत्या कर सकता हूँ
न औरों का खून

वास्तव में किसी भी क्रान्ति या विद्रोह के लिए निश्चित जीवन-दर्शन, आस्था न डिगानेवाला संकल्प और उसके क्रियान्वयन हेतु निश्चित प्रक्रिया का होना आवश्यक है। वह संकल्प और जीवन-दर्शन भारतीय युवा-विद्रोहियों के पास नहीं था। यही कारण है कि इन विद्रोहियों का काव्य सतह पर डोलता रहा उसने भारतीय जीवन दृष्टियों को कहीं भी गहराई से जाकर नहीं छुआ। केवल हिन्दी के व्यवस्था विद्रोहियों ने विसंगतियों का गहरा अहसास करके यथार्थ की नग्नता के साथ तीव्र और तीखी उत्तेजनाओं को व्यंजित किया है। उनकी कविताएँ समकालीन मानसिकता को सम्यक रूप से व्यंजित करती हैं।

जनवादी मूल्यों से सम्पृक्त कवियों ने काव्य-सृजन के केन्द्रित मंच से भी सार्थक विद्रोह जाने-अनजाने अवश्य प्रकट किया है। सौमित्र मोहन ने 'प्रजातन्त्र' शीर्षक कविता में 'आन्दोलन' शब्द को आठ पंक्तियों में तोड़मरोड़कर तथा 'भड़ाम' शब्द को खण्ड-खण्ड कर आतंकी जनतन्त्र को चिढ़ाया है। सौमित्र मोहन की 'लुकमानअली' कविता का नायक लुकमानअली परिवेश के प्रति विद्रोह प्रस्फुटित करता है किन्तु लोगों की नपुंसकता के कारण उनमें शरीरक नहीं होता। यथा–'वह दिल्ली के बीचोंबीच संजीवनी बूटी बोकर बेहोश लोगों की तलाश में है।' इतना ही क्यों उन्होंने आतंकित माहौल को सही भाषा देने के लिए लुकमानअली के माध्यम से हेलीकाप्टर, टिड्डियाँ, पर्चे, पाजामे, लाश, छपे भाषण, मुखौटे, नेता, कुर्सी, तालाबन्दी, भूखहड़ताल, व्यावसायिक अखबार, विदेशयात्रा, प्रजातन्त्र, भाई-भतीजावाद तथा भ्रष्टाचार आदि शब्दों के अतिरिक्त अन्य विसंगतियों का अहसास कराने के लिए जिस 'और' शब्द का 16 बार प्रयोग किया है वह उनकी विद्रोही चेतना का सार्थक परन्तु धधकता भाषण है। कुमार विकल ने 'वापसी' शीर्षक कविता में व्यवस्था से मोर्चा लेने के लिए संगठन की धमकी दी है–

राजतन्त्र की वनतन्त्री व्यवस्था में
मैं अकेला और आरक्षित हूँ

....

हर आदमी का वर्ग उसकी सुरक्षा का घेरा है

....

जब कभी राजपथ पर आऊँगा
अकेला नहीं
पूरे मुहल्ले के साथ आऊँगा

चन्द्रकान्त देवताले ने 'प्रजातन्त्र के बुखार में' शीर्षक कविता में इस प्रकार विद्रोह व्यक्त किया है—

बुखार बढ़ता जा रहा है
डॉक्टर कहाँ है...संसद के सामने
सिर्फ सैकड़ों मुख भाषण उगल रहे हैं
घोषणा-पत्र गधे के मुख में चबता जा रहा है।

वास्तव में 'आक्रोश' और 'विद्रोह' में अन्तर होता है। क्रुद्ध व्यक्ति प्रचलित प्रथा से चिढ़ा होता है, उस पर प्रहार करता है, किन्तु उसका क्रोध निष्फल और दिशाहीन होता है। नीत्शे ने ऐसे लोगों की प्रतिक्रिया को रिबेलियन (विद्रोह) न कहकर रिजेण्टमेण्ट (आक्रोश) कहा था। नीत्शे का यह विचित्र शब्द मैक्सशीलर को बहुत पसन्द आया और उन्होंने 1912 में क्रुद्ध आदमी नाम से एक महत्त्वपूर्ण निबन्ध लिखा, जिसकी यूरोपीय बौद्धिकों में खूब चर्चा हुई। फ्रांस के बौद्धिकों ने इस निबन्ध की नाजीवाद का समर्थक और अजनतांत्रिक कहकर निन्दा भी की, किन्तु शीलर की विवेक शक्ति और सूक्ष्म विश्लेषण से कोई इनकार न कर सका। शीलर ने आक्रोश के तीन स्तर बताये थे—घृणा का भाव, ईर्ष्या और आक्रामक रुख। व्यक्ति या समाज के आक्राम्य तत्त्वों के प्रति अपने मनोभावों को सक्रिय रूप में व्यक्त करने की क्षमता का अभाव तथा निरन्तर अपने नपुसंक क्रोध को अनुभव करके बड़बड़ाते रहने की प्रवृत्ति। विद्रोही क्रोध करता है, पर अपनी नपुंसकता और लाचारी को वैचारिक जामा पहनाकर सन्तुष्ट नहीं होता। आक्रोश मूल्यहीन होता है जबकि विद्रोह मूल्य सम्बद्ध। विद्रोही निरर्थक मूल्यों से टकराता है और उन्हें तोड़कर नये मूल्य प्रतिष्ठित करना चाहता है। धूमिल, कुमार विकल, सौमित्र मोहन, जगदीश चतुर्वेदी, लीलाधर जगूड़ी, रमेश गौड़, विश्वनाथ प्रसाद तिवारी, तथा सोमदत्त आदि की कविताएँ शीलर की उपर्युक्त मान्यताओं पर कसी जाने पर उनके विद्रोही रूप की अभिव्यक्ति करती हैं। आक्रोशी व्यक्ति का आचरण उनमें नहीं है। अपनी नपुंसकता और लाचारी को वैचारिक जामा ही वे नहीं पहनाते वरन विद्रोह की बात कहकर सम्बद्ध मूल्यों से भी टकराने का साहस करते हैं। पुरातन पर निरर्थक मूल्यों से मुक्ति प्राप्त करने के लिए ये कवि हर प्रकार का संघर्ष करने के लिए तैयार हैं।

समकालीन कविता और राजनीतिक समझदारी

आज भी बहुत से लोगों की यह धारणा है कि कविता का राजनीति से कोई सम्बन्ध नहीं हो सकता, उसके मन में यह बात गहराई से बद्ध हो गयी है कि राजनीति के प्रवेश से कविता दूषित हो जाती है। लेकिन हमारे युग में जब एशिया और अफ्रीका में स्वाधीनता आन्दोलन चल रहे हों, दो-दो महायुद्ध लड़े गये हों, भारत पर चार बार पाकिस्तान ने और एक बार चीन ने आक्रमण किया हो, सामाजिक क्रान्तियाँ हो रही हों, तब कवियों से राजनीति से अलग रहने की अपेक्षा करना एक गुनाह है।[15]

कविता और राजनीति पर बात करते हुए केदारनाथ सिंह ने अपनी बातचीत में एक बार यह बात स्पष्ट शब्दों में कही है कि, 'यह तय है कि कविता राजनीति से प्रभाव ले सकती है, लेनी चाहिए, लेगी ही—पर कविता राजनीति नहीं हो सकती। कविता का प्रभाव राजनीति के रूप में नहीं पड़ता, वह कविता के रूप में पड़ता है। जैसी नदी जो हम बनाते हैं, वह दूसरी होती है—नदी होकर भी, इसी तरह राजनीति जो हम बनाएँगे—वह दूसरी होगी, राजनीति होकर भी। राजनीति का काम है—बाहरी व्यवस्था बदलना—आर्थिक, सामाजिक। कविता का काम है—सांस्कृतिक परिष्कार, पाठकों की मानसिकता बदलना। ठीक है कि दोनों में विरोध नहीं, पर दोनों के क्षेत्र और रूप (फार्म) अलग-अलग हैं। कविता की प्रशंसा अकेले कथ्य से नहीं की गयी, उसकी रचना से भी होती है।'[16] इतिहास साक्षी है कि कविता अधिकतर या तो राजनीति से प्रभावित रही है अथवा इसने राजनीति को प्रभावित किया है।

किसी भी काल का काव्य ऐसा नहीं है जिसका सम्बन्ध, प्रत्यक्ष या परोक्ष रूप में राजनीति से न रहा हो। कवि साधारण मनुष्य से अधिक जागरूक होता है, इसी कारण यह समाज के प्रत्येक अंग को अपनी रचना का विषय बना सकता है और फिर आज का कवि तो जिस घुटन, पीड़ा और सन्त्रास का अनुभव कर रहा है, वह उसकी अपनी अकेले की ही पीड़ा नहीं, सारे समाज की पीड़ा है। आज के कवि का यही दृष्टिकोण उसे समाज के अधिकाधिक निकट लाता है। जिसके कारण राजनीति से उसका सीधा सम्पर्क हो जाता है। टामस मान के तीस-चालीस वर्ष पुराने कथन का आज भी सम्भवतः कोई अस्वीकार नहीं करेगा कि हमारे समय में मानव नियति अपने को राजनीति की शब्दावली में प्रकट करती है। इसलिए कविता (जिसे जाहिर है समकालीन मनुष्य की हालत से सीधा और गहरा सरोकार है) और राजनीति के रिश्ते का सवाल प्रासंगिक है। बल्कि रचनात्मक स्तर पर राजनीति के साथ लेखक के रिश्ते का प्रश्न एक विकसित होते प्रजातन्त्र में ऐसा प्रश्न है कि जिनसे कतराना असम्भव नहीं तो मुश्किल अवश्य लगता है। समकालीन मानव-जीवन पर राजनीति का प्रभाव इतना अधिक है कि जीवन के किसी भी क्षेत्र में इससे अछूता रहना असम्भव

हो गया है। ऐसी अवस्था में कवि जैसे सजग प्राणी का राजनीति से अछूता रहना असम्भव नहीं तो कठिन अवश्य है।[17]

कविता और राजनीति पर डॉ. नामवर सिंह ने आलोचना-6 में एक परिचर्चा आयोजित की थी, उसी परिचर्चा में श्रीकान्त वर्मा कहते हैं कि 'राजनीतिक कविता का आधार अनुभव नहीं विचार होता है। वह या तो किसी विचार को प्रतिष्ठित करती है या किसी प्रतिष्ठित विचार का विचार के स्तर पर विरोध करती है। दोनों ही सूरतों में वह विचार का समर्थन करती है और विचार के समर्थन के जरिये अनुभव को झुठलाती है।' इस कथन से स्पष्ट होता है कि बिना अनुभव के कविता नहीं हो सकती इसलिए राजनीतिक कविता कविता नहीं है। रघुवीर सहाय मानते हैं कि 'मैं कवि हूँ, मैं राजनीति में हिस्सा लेता हूँ, इसलिए कविता करता हूँ, जैसे ही यह कहूँगा, मेरी मृत्यु निश्चित है। यह जो समय है वह तमाम राजनीतिक व्यवस्थाओं के टूटने का समय रहा है। ऐसे समय पर सही तौर पर यह मान लेना कि कविता और राजनीति का सम्बन्ध है, बहुत बड़ा धोखा है।' रघुवीर सहाय साहित्य के मोर्चे को राजनीति के मोर्चे से एकदम स्वतन्त्र मानते हैं और साहित्य को किसी तरह सामाजिक परिवर्तन में सहायक नहीं मानते। अशोक वाजपेयी जहाँ एक ओर यह कहते हैं कि 'राजनीति का दबाव इतना आक्रामक और तीव्र होता है कि उससे बचना वयस्क कविता के लिए मुमकिन नहीं रह गया है। समकालीन सच्चाई, राजनीतिक कर्म, इच्छा, तथ्यों से उलझी हुई सच्चाई है और बिना राजनीति से दो-चार हुए उसका साक्षात्कार अधूरा और अप्रामाणिक रहेगा। राजनीति से सुरक्षित संसार इच्छित संसार है। अतीतजीवी या भविष्यत संसार है, समकालीन संसार नहीं।' वहाँ दूसरी ओर राजनीति और वयस्क कविता को अनिवार्य मानते हुए भी यह कह जाते हैं कि 'कविता मनुष्य की हालत या उनकी समकालीन यन्त्रणा को बदल नहीं सकती।'[18]

राजनीति को कविता का विषय बनाये जाने पर श्रीकान्त वर्मा जहाँ कविता को विचारात्मक कहकर इसे कविता की श्रेणी से बाहर निकल देते हैं वहाँ अज्ञेय जैसा कवि राजनीतिक कविता को कविता तो मानता है किन्तु उसे एक हीनतर प्रकार की कविता कहता है। इनके द्वारा उन्होंने वस्तुतः उसके प्रचारात्मक होने का ही संकेत किया है। यह बात सही है कि राजनीतिक कविता का विचारों से सम्बन्ध होता है लेकिन उसके बारे में यह बात नहीं कही जा सकती कि उसमें विचार अनिवार्य रूप से अनुभव के विरोधी होते हैं। जैसे दूसरी कविताओं में विचार और अनुभव में उत्कृष्ट मिश्रण हो सकता है, उसी प्रकार राजनीतिक कविता में भी। नंदकिशोर नवल मार्क्सवादी विचारधारा के सन्दर्भ में राजनीतिक कविता पर विचार प्रकट करते हुए लिखते हैं– मार्क्सवादी साहित्यिक विचारधारा में राजनीतिक कविता के लिए कोई अलग परिभाषा नहीं है। यह कविता भी केन्द्रीय बोध, अनुभूति और विचार के संश्लेषण से ही श्रेष्ठ बनती है। कलाकृति में विचार किस रूप में आना चाहिए, इस सम्बन्ध में एंगेल्स

की उक्ति स्मरणीय है : 'लेखक के विचार जितने अप्रत्यक्ष रूप में आएँगे कलाकृति के लिए यह उतनी ही अच्छी बात होगी।' यह बात जिस मात्रा में साहित्य या कविता के दूसरे रूपों पर लागू है, उसी मात्रा में राजनीतिक कविता पर भी। जहाँ तक प्रचारात्मकता का प्रश्न, यह चीज कविता में कलात्मकता के अभाव का सूचक होती है।...राजनीतिक कविता रचनात्मक लेखन का अपवाद नहीं है, इसलिए उसकी सफलता भी उसके कलात्मक होने में ही निहित है। इस सफलता का प्रमाण देश-विदेश के अनेक कवियों की कविताओं ने दिया है। ऐसी स्थिति में राजनीतिक कविता को अनिवार्य रूप से एक हीनतर प्रकार की कविता या प्रचारात्मक कविता कहना उसके सम्बन्ध में अपने पूर्वग्रह का परिचय देना है।[19]

साहित्य और राजनीति के प्रश्न पर विचार प्रकट करते हुए सव्यसाची का कहना है कि 'हम साहित्य-सृजन के स्तर पर भी और साहित्यकार के रूप में भी राजनीतिक नेता बन जाते हैं।' वास्तव में इसमें बुराई क्या है? सव्यसाची स्वयं मानते हैं कि 'यदि साहित्य मानव-जीवन और मानव-समाज का प्रतिनिधित्व करता है तो उसका राजनीति से अलगाव होना सम्भव नहीं है।' हर साहित्यकार की चेतना किसी-न-किसी राजनीति से सम्पृक्त रहती है। आजकल बहुत से वामपन्थी साहित्यकार दलीय राजनीति से भी सम्पृक्त हैं। कोई भी साहित्यकार अपनी साहित्यिक और राजनीतिक चेतना को अलग-अलग कक्षों में बन्द नहीं रख सकता। गोर्की साहित्यकार रहते हुए राजनेता भी थे। माओ कवि-साहित्यकार रहते हुए भी राजनेता बन गये। आंद्रेमालरो सहित्यकार भी हैं और राजनीतिक नेता भी। माओ और आंद्रेमालरो के जीवन में उनके साहित्य-सृजन के स्तर पर और राजनीतिक नेतृत्व के स्तर को अलग कैसे किया जा सकता है? माओ या आंद्रमालरो साहित्यिक कृति को रचने बैठते हैं तो क्या वे अपने राजनीतिक नेतृत्व के चोले को उतारकर अलग रख देते हैं? तब क्या वे जब साहित्य सृजन करते हैं तब राजनीतिक नेता नहीं रहते?[20] ये सब प्रश्न साहित्य और राजनीति के पारस्परिक सम्बन्ध के सन्दर्भ में ही रखे जा सकते हैं।

आधुनिक हिन्दी-कविता का राजनीति से गहरा सम्बन्ध रहा है। भारतेन्दु युग से लेकर छायावाद युग तक भी बड़ी संख्या में राजनीतिक कविताएँ लिखी गयी हैं। वास्तव में आधुनिक युग में भारतीय राजनीति में प्रजातन्त्र का समावेश हुआ जिसके कारण आज के साधारण नागरिक का भी राजनीति के प्रति दृष्टिकोण पहले से अधिक स्पष्ट हो गया। द्वितीय महायुद्ध की प्रभाव-वृद्धि के साथ ही एक सशक्त राजनीतिक चेतना सारे देश में जाग्रत हुई है। स्वतन्त्रता ने हमारे सम्मुख आशा के नये वातावरण मुक्त किए, विश्वास तथा आस्था का नया क्षितिज सम्मुख आया। विदेशों में बढ़ती हुई हमारी प्रतिष्ठा ने देशवासियों में आत्म शक्ति जाग्रत की। दृष्टिकोण के इस परिष्कार के कारण ही आज का मानव राजनीति के साथ अपने सम्बन्धों को और अधिक घनिष्ठ बनाता जा रहा है। हिन्दी कविता में राजनीति प्रत्यक्ष रूप से, प्रगतिवादी आन्दोलन

के प्रारम्भ होने के पश्चात प्रविष्ट होती है। प्रगतिवादी कविता के राजनीति से इस घनिष्ठ सम्बन्ध के कारण जहाँ एक ओर कविता में उजागर मानवीय सहानुभूति और सामाजिक वास्तविकता का क्षेत्र विस्तृत हुआ, वहाँ दूसरी ओर कवि के निजी मुहावरे, उसके व्यक्तित्व और अद्वितीयता को एक सामान्य आडम्बर और बड़बोली सार्वजनिकता ने आक्रान्त कर दिया। नयी कविता अधिकांशतः मानवीय प्रासंगिकता की दृष्टि से क्षीण और शक्तिहीन लगती और इसका प्रमुख कारण राजनीति के प्रति नये कवि की अरुचि और उदासीनता रहा है। वैसे यह कहा जाता है कि घोर व्यक्तिनिष्ठ होने के कारण प्रयोगवादी काव्य तथा नयी कविता के कवि राजनीति से अपने सम्बन्ध प्रत्यक्ष एवं घनिष्ठ रूप में स्थापित नहीं कर पाए। किन्तु परम्परागत कविता की तुलना में उसकी (नयी कविता की) राजनीतिक चेतना बहुत अधिक विकसित है। छायावादी कविता एक राजनीति का मुख्य अर्थ राष्ट्रीयता रहा है। पर नये साहित्य और सन्दर्भ ने कवि को राष्ट्रीयता से ऊपर उठने के लिए मानो विवश कर दिया। शीतयुद्धों, शान्ति-भंग करने वाले प्रतिक्रियावादियों और दुराग्रही राजनीतिकों का गहरा विरोध नयी कविता में देखा जा सकता है। नयी कविता के दौर में भी मुक्तिबोध जैसे कवियों ने अपनी कविताओं में राजनीतिक चेतना की अभिव्यक्ति की। समकालीन कविता का प्रमुख नारा है—'व्यवस्था का विरोध'। यह विरोध सही ढंग से किया जा रहा हो या गलत ढंग से, लेकिन इसमें कोई शक की बात नहीं कि यह विरोध राजनीतिक है। इस प्रकार समकालीन कविता मूलतः राजनीतिक कविता है।[21]

समकालीन कविता में राजनीतिक सन्दर्भों, प्रश्नों और घटनाओं का अच्छा खासा जुलूस सक्रिय है। साहित्य और राजनीति पर वर्षों से चले आ रहे विवाद को एक तरह से साठोत्तरी अथवा समकालीन कवियों ने समाप्त कर दिया है। साहित्य को राजनीति से दूर रखने या राजनीति को साहित्य में अस्पृश्य मानने की बात अब नहीं रही।[22] आज का कवि राष्ट्रीय और अन्तर्राष्ट्रीय राजनीति में गहरी दिलचस्पी रखता है और स्वयं को एक राजनीतिक व्यक्ति के रूप में प्रस्तुत करता है। यही कारण है कि डॉ. भारत भूषण अग्रवाल ने आज की युवा कविता को एक राजनीतिक व्यक्ति की कविता कहकर सम्बोधित किया है। युवा कवि ऋतुराज भी किसी अच्छे समकालीन हिन्दी कवि की कविता को अनिवार्य रूप से एक राजनीतिक व्यक्ति की कविता मानने के पक्ष में हैं।[23]

वास्तव में हिन्दी-कविता में सन् साठ के आस-पास राजनीतिक विद्रोह के प्रबल स्वर उभरने लगते हैं। सन् साठ के पश्चात् भारत की संकटापन्न स्थिति स्पष्ट होने लगी थी। यह आस्था प्रायः राष्ट्रीय प्रतिरक्षा, जातीय संकट, सामाजिक क्रान्ति, सांस्कृतिक जागरण, स्वातन्त्र्य चेष्टा तथा युद्ध, अकाल, प्राकृतिक उत्पात अथवा सामाजिक-राजनीतिक अन्य अत्याचार या उत्पीड़ा से पैदा होती है। भारत में इनमें से अधिकांश कारण उपस्थित थे। किन्तु इसका सबसे बड़ा दायित्व सम्भवतः राजनीति

पर ही था। समाज में निरन्तर बढ़ता हुआ उत्पीड़न और विदेशी आक्रमण के कारण राष्ट्रीय प्रतिरक्षा के उभरते हुए प्रश्न समकालीन खोखली राजनीति के कारण ही उपस्थित हुए। राजनीति में बढ़ते हुए खोखलेपन का प्रमुख कारण है—व्यापारिक भावना। स्वतन्त्रता के पश्चात् से ही अधिकांश नेता राजनीति को व्यापार समझने लगे थे। राजधर्म राष्ट्र की समृद्धि का प्रतीक बन गया जिसके कारण देश की आर्थिक, सामाजिक, नैतिक परिस्थितियाँ निरन्तर बिगड़ती गयीं। प्रत्येक राजनीतिक विचारधारा अन्ततः तानाशाही में परिवर्तित होती रही जिसकी प्रतिक्रियास्वरूप समकालीन कवि किसी भी राजनीतिक विचारधारा के साथ अपना सम्बन्ध स्थापित नहीं कर सका। परिणामस्वरूप उसकी कविता में जो राजनीतिक दृष्टिकोण उभरकर आया, वह निजी प्रोटेस्ट विद्रोह या विरोध का है। राष्ट्रीय स्तर पर ही नहीं, अन्तर्राष्ट्रीय स्तर की समस्याओं के प्रति भी उसकी मुद्रा विद्रोह की ही रही।[24] रघुवीर सहाय और श्रीकान्त वर्मा जैसे कवियों ने राजनीतिक कविता के सम्बन्ध में प्रतिकूल विचार रखते हुए भी दर्जनों राजनीतिक कविताएँ लिखी हैं। किन्तु रघुवीर सहाय ने भारतीय राजनीति को विकृत रूप में हमारे सामने रखा है। 'आत्महत्या के विरुद्ध' की 'अपने आप और बेकार' शीर्षक कविता में वह सामान्य भारतीय नागरिक को पूरी तरह से व्यर्थ बतलाते हुए उसका उपहास करते हैं—

देश की व्यवस्था का विराट वैभव
व्याप्त है चारों ओर
एक कोने में दुबक ही तो सकता हूँ
सब लोग जो कुछ रचाते हैं उसमें
केवल अपना मत नहीं दे ही तो सकता हूँ
वह मैं करता हूँ
किसी से नहीं डरता हूँ
अपने आप और बेकार।

यही नहीं इसी संग्रह की अन्तिम कविता में देश के सभी राजनीतिक दलों को एक ही पलड़े में रखते हुए वह लिखते हैं—

टूटते-टूटते
जिस जगह आकर विश्वास हो जाएगा कि
बीस साल धोखा दिया गया
वहीं मुझे फिर कहा जाएगा विश्वास करने को
पूछेगा संसद में भोला-भाला मन्त्री
मामला बताओ हम कार्रवाई करेंगे
हाय-हाय करता हुआ हाँ-हाँ करता हुआ हें-हें करता हुआ
दल का दल

पाप छिपा रखने के लिए एकजुट होगा
जितना बड़ा दल होगा उतना ही खाएगा देश को

इस कवितांश में नागरिक अधिकार, संसदीय जनतन्त्र और दक्षिणपन्थी से लेकर वामपन्थी राजनीतिक दल इन सबों का एक स्वर में विरोध किया गया है। यही 'स्थायी रूप से विरोध पक्ष में रहने की राजनीति' है जो पूँजीवादी जनतन्त्र में सीमित नागरिक अधिकारों के महत्त्व, संसदीय प्रणाली की उपयोगिता और वामपन्थी दलों की भूमिका को समझने से इनकार करती है।[25]

रघुवीर सहाय की जिन कविताओं को डॉ. नन्दकिशोर नवल राजनीतिक कविताएँ कहते हैं, वे सब एक अन्य आलोचक की दृष्टि में राजनीतिक कविताएँ नहीं हैं। इस सम्बन्ध में उनका कहना है कि रघुवीर सहाय की कविताओं को पढ़कर लगता है कि आधुनिक हिन्दी कविता यहाँ जैसे पहली बार संसद में प्रवेश करती है, विरोध के द्वार से। पर फिर भी ये कविताएँ किसी संकुचित अर्थ में राजनीतिक कविताएँ नहीं हैं बल्कि शायद यह कहना भी गलत नहीं कि ये राजनीतिक या राजनीति की कविताएँ हैं ही नही। वे किसी राजनीतिक घोषणा-पत्र कार्यक्रम या सिद्धान्त का बखान या प्रचार नहीं करतीं, किसी विशेष दृष्टिकोण की पक्षधरता पर जोर नहीं देतीं। वे तो उस परिवेश से एक नये प्रकार के तनाव की अभिव्यक्ति हैं जो आज इतना सर्वव्यापी रूप में राजनीति के अधीन हो गया है। वे एक जागरूक और संवेदनशील व्यक्ति द्वारा अपने चारों ओर ठोस यथार्थ जगत के एक स्तर या एक से अधिक स्तर को परिभाषित करने के प्रयास की कविताएँ हैं।[26] कुल मिलाकर देखा जाए तो रघुवीर सहाय की कविताएँ एक गहरे अर्थ में राजनीतिक चेतना लिए हुए हैं।

चेतना की दृष्टि से देखें तो समकालीन हिन्दी-कविता का मूल स्वर राजनीतिक है। इसमें राजनीति के दबावों को स्वीकार किया गया है। राजनीति के अनैतिक, अमानवीय, क्रूर, स्वार्थी एवं आतंकमय चरित्र को उजागर किया गया है। मनुष्य की पीड़ा को सामाजिक अर्थ देने के प्रयत्न में यह कविता वर्तमान पूँजीवादी व्यवस्था और स्वार्थी राजनीति से उसके अनैतिक गठजोड़ से उत्पन्न बहुस्तरीय जटिलताओं को उघाड़ते हुए पाठक के चिन्तन का अविस्मरणीय अंग बनने के लिए प्रयत्नशील है।[27] आठवें दशक में राजनीति से उत्पन्न विविध संकटों के कारण हर रचनाकार राजनीति से पूर्णतः प्रभावित हुआ है, क्योंकि राजनीति का प्रसार व्यापक हो गया है। आज की कविता राजनीति से बिदकी हुई कविता न होकर राजनीति से जुड़ी हुई कविता है, जो उसके कुहासे को भेदकर दिशाबोध कराती है।

सन्दर्भ संकेत

1. साहित्यानुशीलन, 1980, पृ. 81
2. धूमिल, कल सुनना मुझे, 'भाषा की रात में धूमिल की भूमिका', पृ. 3-4

3. वचनदेव कुमार (सं.), हिन्दी कविता : 60 के बाद, पृ. 52-53
4. किरण नन्दा, सन्त काव्य में विद्रोह का स्वर, पृ. 15
5. वही, पृ. 17
6. गोविन्द रजनीश, 'समकालीन हिन्दी कविता में विद्रोह', आलोचना, जुलाई-सितम्बर 1978, पृ. 53-54
7. गोविन्द रजनीश, समसामयिक हिन्दी कविता : विविध परिदृश्य, पृ. 190
8. वचनदेव कुमार (सं.), हिन्दी कविता : 60 के बाद, पृ. 52-53
9. साहित्यानुशीलन 1980, पृ. 91
10. जगदीश नारायण श्रीवास्तव, समकालीन कविता पर एक बहस, पृ. 142
11. महेन्द्र कार्तिकेय, आधुनिक कविता के नये मूल्य, पृ. 29
12. कुमार कृष्ण, समकालीन साहित्य : विविध सन्दर्भ, पृ. 67
13. वीरेन्द्र सिंह, आधुनिक कविता : नये सन्दर्भ, पृ. 36
14. गोविन्द रजनीश, समसामयिक हिंदी कविता : विविध परिदृश्य, पृ. 191
15. विजेन्द्र नारायण सिंह, अशुद्ध काव्य की संस्तुति में, पृ. 164
16. कमलाप्रसाद, दरअसल, पृ. 121-122
17. सुखबीरसिंह, हिन्दी कविता की समकालीन चेतना, पृ. 100
18. नन्दकिशोर नवल, कविता की मुक्ति, पृ. 48-49
19. वही, पृ. 50
20. विचार, अप्रैल 1973, पृ. 49
21. नन्दकिशोर नवल, कविता की मुक्ति, पृ. 51
22. बादामसिंह रावत, साठोत्तरी हिंदी कविता की वस्तुचेतना, पृ. 97
23. आवेग 9, 1972, पृ. 25
24. सुखबीरसिंह, हिन्दी कविता की समकालीन चेतना, पृ. 107
25. नन्दकिशोर नवल, कविता की मुक्ति, पृ. 52
26. जगदीश चतुर्वेदी (सं.), आधुनिक हिन्दी कविता, पृ. 104
27. सुखबीर सिंह, हिन्दी कविता की समकालीन चेतना, पृ. 11-12

दुःख और गुस्से से निकली कविताओं का कवि : सर्वेश्वरदयाल सक्सेना

साठोत्तरी हिन्दी-कविता के सन्दर्भ में सर्वेश्वरदयाल सक्सेना की कविता का मूल्यांकन करते हुए कृष्णदत्त पालीवाल अपनी पुस्तक 'सर्वेश्वर और उनका साहित्य' में लिखते हैं कि सर्वेश्वरदयाल सक्सेना में परिवेशगत सजगता अपने समसामयिक कवियों में सर्वाधिक है। समय के ढोंग और अविश्वास को वह श्रीकान्त वर्मा या भवानीप्रसाद मिश्र की तुलना में अधिक यथार्थ दृष्टि से पहचानते हैं। मुक्तिबोध जहाँ कविता में राजनीति को पाठक के अन्दर से बिना नुकसान के निकाल ले जाते हैं, वहाँ राजनीति के बहुत अधिक दबाव से सर्वेश्वर की कविता फूट जाती है। फिर भी मुक्तिबोध के काव्यादर्श सर्वेश्वर की अंतश्चेतना में घुमड़ते और तड़पते रहते हैं।

सारी जिन्दगी
मैं सिर छुपाने की जगह
ढूँढ़ता रहा
और अन्त में
अपनी हथेलियों से
बेहतर जगह दूसरी नहीं मिली

कहने वाला सर्वेश्वर का कवि मूलतः प्रेमानुभूति का कवि है। प्रेम और सौन्दर्य की फाँक ही उनको आजीवन कवि बनाए रखती है। 'नयी कविता' के कवियों की रोमानियत को छायावादी कवियों की रोमानियत से अलगाते हुए नामवर सिंह लिखते हैं कि यह नव रोमांटिक काव्य-प्रवृत्ति छायावादी कविता की रोमानियत से इस बात में भिन्न है कि इसका प्रकृति-सौन्दर्य वायवी और सामान्य नहीं अपितु यथार्थ और विशेष है। ये कविताएँ रागात्मक होते हुए भी भावोच्छ्वसित नहीं हैं, अपितु आत्मसजगता से नियन्त्रित और संयमित हैं।

रागात्मकता के प्रति आकर्षण मनुष्य की स्वाभाविक प्रवृत्ति कही जा सकती है। भावुकता, आत्मीयता, प्रेम, स्मृति, अल्हड़ता और आकर्षण की स्थितियाँ राग

सम्बन्धों की भूमिका निर्मित करती हैं। रागात्मकता को स्वीकारते-भोगते हुए भी जीवन की सच्चाइयों से मुँह नहीं मोड़ा जा सकता। सर्वेश्वरदयाल सक्सेना ऐसे ही कवि हैं, जिनके कविता-संसार में रागात्मक संवेदना का एक वृत्त स्पष्ट दिखलाई देता है। उनका प्रारम्भिक सृजन तो जिनमें 'काठ की घंटियाँ', 'बाँस का पुल' और 'एक सूनी नाव' जैसी कृतियाँ आती हैं, अधिकांशतः रोमानी संसार लिए हुए हैं। इनमें प्रेम, मस्ती और किशोरकालिक अल्हड़ता के दर्शन होते हैं। जहाँ तक परवर्ती सृजन का प्रश्न है उसमें समसामयिक परिवेश और तज्जनित प्रतिक्रियाएँ गहरी हैं, किन्तु रोमानी दुनिया के खण्डहरों में चमकते प्रेमिल दीपकों के बिम्ब भी हैं।[1]

सर्वेश्वर की प्रारम्भिक कविताओं का संसार प्रेमानुभूतियों से उपजा रोमानी संसार है जो बहुत से स्थानों पर छायावादी संसार से भिन्न है। अपनी एक कविता में कवि कहता है—

एक तीखी ढलान तुम्हारे वक्ष पर है
एक मेरे सपनों में
आओ, उन पर दौड़ें
फिसलें, लोट-पोट जाएँ
एक दूसरे की आत्मा को छू लें।
× × ×
मैं उन हाथों को चूम लेना चाहता हूँ
बड़ी से बड़ी मुसीबत को
सितार की तरह गोद में रख
मैंने उन हाथों की अँगुलियों को
तेजी से चलते देखा है
और संघर्ष को
उस संगीत के नशे में
आधा बेहोश पाया है।

सर्वेश्वरदयाल सक्सेना के रोमांटिक भावबोध के सम्बन्ध में रमेश ऋषिकल्प लिखते हैं कि छायावादी कवियों से अलग सर्वेश्वर ने छायावादोत्तर कवि हरिवंश राय बच्चन, नरेन्द्र और अंचल की तरह रोमांटिक भावबोध में एक खुलापन पैदा किया। सर्वेश्वर अपनी काव्य-यात्रा के आरम्भ में बच्चन से सर्वाधिक प्रभावित दिखाई देते हैं।

प्रेम और सौन्दर्य के साथ-साथ सर्वेश्वर की कविताएँ अस्तित्ववादी दर्शन से भी मुक्त नहीं हैं। अस्तित्ववादी दर्शन की विशेषताएँ 'नयी कविता' के तमाम कवियों में साफ देखी जा सकती हैं। सर्वेश्वर की कविताओं में से बार-बार झाँकने वाले अस्तित्ववादी दर्शन का सुन्दर विश्लेषण नन्द किशोर नवल ने अपनी पुस्तक 'समकालीन

काव्य-यात्रा' में विस्तारपूर्वक किया है। सर्वेश्वर की एक कविता है–'एक बूँद', यहाँ कवि कहता है–

वही शक्ति है
मेरे दुर्बल जर्जर मन की
वही शक्ति है
दीवारों को अर्पित मेरे कायर क्षण की
मैंने उसको सहज प्रबल आवेगों से अपनाया,
वह मेरी है
मैं उसका हूँ
बाहर का विशाल जल प्लावन सदा पराया।

इसी कवितांश का अर्थापन करते हुए नवल लिखते हैं कि सर्वेश्वर की दृष्टि में यह रिश्ता बूँद और समुद्र का, व्यक्ति और समाज का है। अज्ञेय ने समाज के बारे में कहा था कि वह व्यक्ति को आकार देता है, जिसके बाद व्यक्ति स्वतन्त्र रूप से अपनी सत्ता कायम करता है। सर्वेश्वर उनसे आगे बढ़ कर बाहर के विशाल जल प्लावन अर्थात् समाज को सदा पराया कहते हैं। क्या यह भी संयोग है कि अज्ञेय में बूँद समुद्र से उछलती है और सर्वेश्वर में वह आकाश से टपकती है? सर्वेश्वर पर इस दौर में अस्तित्ववाद का असर इतना गहरा है कि वह एक अन्य कविता में साफ कहते हैं–

लीक पर वे चलें जिनके
चरण दुर्बल और हारे हैं
हमें तो जो हमारी यात्रा से बने
ऐसे अनिर्मित पन्थ प्यारे हैं।

नये पथ पर चलना भी बुरा नहीं है, बल्कि लीक पीटना छोड़कर नयी दिशा में आगे बढ़ना स्वतन्त्रता की पहचान है, लेकिन उसके लिए व्यक्ति और समाज तथा स्वतन्त्रता और सामाजिक दायित्व के बीच एक शाश्वत विरोध की कल्पना कर लेना निश्चय ही आपत्ति की बात है। इसी की परिणति उनकी इस घोषणा में हुई है–

मेरा एकान्त ही
मेरा विजय-स्थल है।

ताज्जुब नहीं कि कहीं-कहीं उनकी कविताओं में अस्तित्ववाद की शब्दावली तक मिलती है। जैसे–

वरदान, बिना वरण की स्वाधीनता के
अभिशाप है।

सर्वेश्वर की आरम्भिक कविताओं में 'दर्द' की वहुत खपत है। निश्चय ही वह दर्द साधारण दर्द न होकर अस्तित्ववादी दर्द है। कई वार तो वह उसे मूल्य के रूप में

स्थापित. करने का प्रयास करते हैं। सर्वेश्वर की एक कविता की प्रसिद्ध पंक्तियाँ हैं—

लगा, मुझको उठा कर कोई खड़ा कर गया
और मेरे दर्द को मुझसे बड़ा कर गया।

दर्द कवि के अस्तित्व से बड़ा है, क्योंकि यह उसे पुनर्जीवन प्रदान करता है। स्वभावतः वह अन्यत्र कहता है कि 'नया वर्ष दर्द, गहराई और तन्मयता का वर्ष हो' और—

विवशताओं
और असफल प्रयासों के बीच
हर दर्द आशा की शक्ति बढ़ा जाता है।

उसकी कामना है कि—

व्यथा अन्तर्दृष्टि दे।

अज्ञेय में दुःख-दर्द का बड़ा जोर है। 'दुःख सब को माँजता है' तो उनकी प्रसिद्ध उक्ति है ही। उनमें 'बिछी पैरों में नदी ज्यों दर्द की रेखा' से लेकर 'तुम्हें वह (दर्द) बार-बार नाना शुभ रूपों में फलेगा' तक की बात भी है। मानना पड़ेगा की 'नयी कविता' के कवियों में से अज्ञेय का सर्वेश्वर पर अत्यधिक प्रभाव है। उनकी काव्य-दृष्टि का ही नहीं, उनकी काव्य-शैली का भी। अनेक बार सर्वेश्वर अज्ञेय के स्वर में बोलने लगते हैं। उनकी भाषा अज्ञेय की भाषा की अनुकृति होती है और उनका कहने का ढंग बिल्कुल अज्ञेय का ढंग है—

वह पीड़ा है जो हमको, तुमको, सब को अपनाती है,
सच्चाई है--अनजानों का भी हाथ पकड़ चलना सिखलाती है
वह यति है--हर गति को नया जन्म देती है
आस्था है—रेती में भी नौका खेती है।

यहाँ यह कहने की आवश्यकता नहीं होनी चाहिए कि यति, गति, आस्था, रेती और नौका, इन सभी शब्दों पर अज्ञेय के व्यक्तित्व की गहरी छाप है।[2]

अस्तित्ववादी दर्शन में केवल दुःख और पीड़ा की ही चर्चा नहीं होती अपितु निराशा, मृत्युबोध, अकेलेपन, संत्रास, व्यर्थताबोध आदि का भी इस दर्शन में विशेष महत्त्व है। सर्वेश्वर की कविताओं में अस्तित्ववाद की सभी प्रवृत्तियाँ देखने को मिलती हैं। इस सन्दर्भ में उनकी कविताओं के कुछ कवितांश उल्लेखनीय हैं—

अब मैं कुछ कहना नहीं चाहता,
सुनना चाहता हूँ
एक समर्थ सच्ची आवाज
यदि कहीं हो
अन्यथा

इसके पूर्व कि
मेरा हर कथन
हर मन्थन
हर अभिव्यक्ति
शून्य से टकराकर फिर वापस लौट आए
उस अनन्त मौन में समा जाना चाहता हूँ
जो मृत्यु है।

उपर्युक्त पंक्तियाँ कवि के 'मृत्युबोध' के सन्दर्भ में देखी जा सकती हैं। गहराई से देखा जाए तो सर्वेश्वर की अधिकांश कविताओं में अकेलेपन की व्यथा उभरकर सामने आती है। उनकी कविताएँ अकेलेपन की कथाएँ हैं। सर्वेश्वर का कवि अपनी एक कविता में लिखता है–

टूटे वायलिन सा एक कोने में पड़ा
बजता साज सुनता रहा
अपने ही मन के अथाह सूनेपन में
मकड़ी सा जाला बुनता रहा।

'सर्वेश्वर का कवितालोक' पुस्तक में महेश दिवाकर लिखते हैं कि सर्वेश्वर की काव्ययात्रा का आरम्भ भले ही रोमेण्टिक प्रवृत्ति से हुआ किन्तु वह अपने समय, समाज और परिवेश को उपेक्षित करके नहीं चले हैं। परिवेश के प्रति सचेतन दृष्टि, बदलते माहौल के प्रति सम्पृक्ति और समकालीन घटना-प्रसंगों व उनसे विकसित उद्भूत स्थितियों के प्रति साझेदारी सर्वेश्वर की संवेदना का एक वृहद् और उल्लेख्य सन्दर्भ है।

उपर्युक्त उद्धरण के थोड़ा और आगे बढ़कर एक अन्य आलोचक सर्वेश्वर की सामाजिक प्रतिबद्धता को रेखांकित करते हुए लिखते हैं कि सर्वेश्वर की कलम अपने में ही एक आन्दोलन थी। उसका लिखा पढ़ कर चुप रह जाना असम्भव था। वह तिलमिलाने वाली मार करती थी। भीड़ का साधारण आदमी, रिक्शा चलाने वाला, झुग्गी झोंपड़ीवाला, झल्ली उठाने वाला मजदूर, निरीह औरतें, कमीनी राजनीति करने वाला पाखण्डी साहित्यकार, झाँसापट्टी वाले संस्कृति के ठेकेदार–सभी सर्वेश्वर की कलम की जद में थे। सर्वेश्वर की आँखें चौराहे पर लगे कैमरे की तरह समाज के भीतर हो रहे हर यातायात का विवरण दर्ज करती रहती थीं। किसी भी कोने में हो रहे अन्याय पर सबसे पहले सर्वेश्वर की कलम बोलती थी। वह जमाने के फैशन के लिए मजदूर किसानों के दुख-दर्द की कथा नहीं लिखते थे। सर्वेश्वर उसे जीते थे और जब लिखते थे तो अपने आँसुओं से धोकर उसे उजला कर देते हैं।

सर्वेश्वर ने 'जंगल का दर्द' कविता-संग्रह में जनता को बार-बार सम्बोधित किया है। जन को सम्बोधित कविताओं में सर्वेश्वर ने उसकी प्रशंसा ही नहीं की

अपितु उसकी कमजोरियों को भी उद्घाटित किया है। 'जन' की कमजोरियाँ क्या हैं? कायरता, अलगाव, इन्तजार, संशय और इन सबके साथ दयनीय पराधीनता; वह इन स्थितियों के विरुद्ध भी हैं और इनसे उबरने के लिए, इन्हें तोड़ने के लिए जन को प्रेरित भी करते हैं। दुःखी, उदास, फीके, निस्तेज, धूल खाए, मार खाए तमाम चेहरे पर इनकी भीड़ में खोया खुद का चेहरा हिन्दुस्तान के आम आदमी का चेहरा नहीं तो और किसका चेहरा है। दुनिया के किसी देश में आदमी का चेहरा इतना पिटा सपाट नहीं है जितना हिन्दुस्तान में–

मैंने झाँका–
वहाँ तमाम चेहरे थे :
दुःखी चेहरे, उदास चेहरे, गुस्से और
क्षोभ से भरे चेहरे, फीके, निस्तेज
धूल खाए चेहरे
मुझे लगा मैं किसी की आँखों में नहीं
गाँव के किसी ताल में
झाँक रहा हूँ
जिसके तट मेंड़ पर
किसी प्लेग से भागकर आए
असहाय लोग खड़े हैं।

'जन' की कमजोरियों के चित्रण के सन्दर्भ में एक उदाहरण उल्लेखनीय है–

काम न मिलने पर
अपने तीन भूखे बच्चों को लेकर
कूद पड़ी हंजूरी कुएँ में
कुएँ का पानी ठण्डा था
बच्चों की लाश के साथ
निकाल ली गयी हंजूरी कुएँ से
...हत्या और आत्महत्या के अभियोग में
खड़ी थी हंजूरी अदालत में
अदालत की दीवारें ठण्डी थीं
...लेकिन आज जब वह जेल के बाहर है
तब पता चला है
कि सब कुछ ठण्डा ही नहीं था
सड़ा हुआ था।

यह सही है कि भूखा, पराधीन, कायर आदमी क्रान्ति नहीं कर सकता। पर सच यह है कि यदि उसे उसी स्थिति में लम्बे समय तक जीने के लिए मजबूर किया

गया तो वह 'आग' और 'मशाल' के साथ सड़क पर आ जाएगा, यह जानते हुए भी क्रान्ति के ये रास्ते कारगर नहीं हैं। यथास्थिति के बदलाव की छटपटाहट सर्वेश्वर की कविताओं में विद्यमान है–

स्थिति आसानी से बदली जा सकती है
केवल थोड़ी-सी हरकत जरूरी है
तुम्हें हाथ बढ़ाना होगा
और अपने भीतर कहीं
बोतल की कार्क खोलनी होगी

सर्वेश्वर इस बात को अच्छी तरह जानते थे कि बेहतर समाज और संस्कृति की रचना का स्वप्न तभी सही अर्थों में पूरा हो सकेगा जब समाज की केन्द्रीय धुरी 'व्यक्ति' सम्पन्न हो। उसके चेहरे पर गरीबी व समय के थपेड़ों की मार की जगह चमकदार आत्मीय मुस्कान की रेखा विद्यमान हो और भीतरी अरमानों; सपनों का लहराता सागर हो, जो एक खास तरह की यूरोपियाई आशावादिता मानी जा सकती है। पर अन्ततः उसके होने की अनिवार्यता को नकारा नहीं जा सकता। जब तक समाज का एक भी व्यक्ति भूखा, नंगा, बेसहारा, संकीर्णतावादी नीतियों और पक्षपाती रवैये का शिकार होगा, तब तक मनुष्य मात्र की पूर्ण मुक्ति सम्भव नहीं। सर्वेश्वर यह भी जानते थे कि अभाव, असमानता और व्यवस्था का चाबुक सभी की पीठ पर गिर रहा है, पर सभी एक दूसरे द्वारा गुहार लगाए जाने के इन्तजार में उसे खामोश झेल रहे हैं। कोई आग और मशाल लेकर सड़कों पर चीखने, आकाश में सूराख करने, एक पत्थर तबीयत से उछालने के लिए तैयार नहीं है।[3]

साठोत्तरी हिन्दी-कविता वैसे तो सामाजिक-राजनीतिक हलचलों से सीधे प्रभावित रही है किन्तु उसकी सबसे बड़ी विशेषता ग्रामोन्मुखता है। इस सन्दर्भ में सूर्यकान्त त्रिपाठी निराला, नागार्जुन, केदारनाथ अग्रवाल, सर्वेश्वरदयाल सक्सेना, धूमिल, लीलाधर जगूड़ी, केदारनाथ सिंह, मंगलेश डबराल, मानबहादुर सिंह की कविताओं को देखा जा सकता है। सर्वेश्वर का बाल्यकाल गाँव में बीता है। गाँव की निर्धनता, गाँव के अभाव और संघर्ष का उनके जीवन पर सीधा असर पड़ा है। गाँव के जीवन के प्रति लगाव ही उनको ग्रामीण संस्कृति का कवि बना देता है। फिर चाहे 'सुहागिन का गीत' हो अथवा 'नये साल पर' लिखी कविता हो, 'भुजैनिया का पोखरा', 'गाँव की शाम का सफर' या फिर 'बाँसगाँव' जैसी कविताएँ हों–ग्राम्यचेतना हर जगह विद्यमान है।

सर्वेश्वरदयाल सक्सेना का छुटपन बस्ती और 'बाँसगाँव' (गोरखपुर) में बीता था, इसीलिए उनका पूरा व्यक्तित्व ग्रामीण और कस्बाई था। राजेन्द्र प्रसाद तिवारी इसी को रेखांकित करते हुए कहते हैं कि जीवन और लेखन का एक लम्बा संघर्षशील अध्याय इलाहाबाद और दिल्ली के महानगरीय कोलाहल में बीतने के बाद भी जमीन

से रिश्ता उनके भीतर समाप्त नहीं हुआ। इसीलिए उनकी कविताओं में पूर्वी उत्तर प्रदेश की गरीबी का बेबाक चित्र बार-बार झलक उठता है। 'कुआनो नदी' की कविताएँ इसका साक्ष्य हैं। एक कविता में कवि लिखता है—

लग्गी पर जोर लगा जब वह उथले पानी में
नाव ठेलता है तब उसकी एक-एक नस फूल
उठती है।...
लेकिन तट के कीचड़ में नाव
धीरे-धीरे जाकर फँस जाती है
और वह नमक और तेल लगी अपनी
रोटी चुपचाप खाने लगता है।

सर्वेश्वर की कविताओं का एक बड़ा भाग लोक जीवन और लोक राग के साथ सम्बद्ध है। इसीलिए एक गहरी जीवन्त लोक सम्पृक्ति उनकी कविताओं में देखी जा सकती है—

मेघ आये बड़े बन-ठन के सँवर के
पाहुन ज्यों आए हों गाँव में शहर के
पेड़ झुक झाँकने लगे गरदन अचकाए
आँधी चली, धूल भागी घाघरा उठाए
बाँकी चितवन उठा नदी ठिठकी, घूँघट सरके
मेघ आए बड़े बन-ठन के सँवर के
बूढ़े पीपल ने आगे बढ़ कर जुहार की,
'बरस बाद सुधि लीन्हीं'
बोली अकुलाई लता ओट हो किवार की
हरषाया ताल आया पानी परात भर के
मेघ आए बड़े बन-ठन के सँवर के।

ग्रामीण संस्कृति तथा लोक राग का यह विश्वसनीय चित्रण है जिसे नन्द किशोर नवल जैसे आलोचक ने भी एप्रिशियेट किया है। इसके सम्बन्ध में वह कहते हैं, 'सर्वेश्वर ने अनेक स्थानों पर ग्राम्य संवेदना और संस्कृति में लिपटे परिवेश का वर्णन किया है। गाँव का चित्रण करते समय ये स्वभावतः अपना सम्बन्ध देश, समाज और साहित्य की विकासोन्मुख धारा से जोड़ते हैं क्योंकि ग्रामीण परिवेश की कविताओं में जो नयी प्रभावोत्पादकता है उसका यही कारण है।'[4]

गाँव की मिट्टी से उठाए बिम्ब सर्वेश्वर की विभिन्न कविताओं में बिखरे पड़े हैं—

आकाश का साफा बाँधकर
सूरज की चिलम खींचता

बैठा है पहाड़
घुटनों पर पड़ी है नदी चादर सी
पास ही दहक रही है
पलाश के जंगल की अँगीठी
अन्धकार दूर पूर्व में
सिमटा बैठा है भेड़ों के गल्ले सा।

सर्वेश्वरदयाल सक्सेना की कविताओं में गाँव अपने सम्पूर्ण परिवेश और समूची जीवन्तता के साथ उभरता है। कुछ कविताएँ गाँव की जीवन-व्यवस्था के अनेक पक्षों, उसकी मानसिकता, रंग-गंध, हवा-धूप, संघर्ष और सहृदयता के खासे संवेदनात्मक चित्र प्रस्तुत करती हैं। इस दृष्टि से उनकी 'यही कहीं एक कच्ची सड़क थी' कविता महत्त्वपूर्ण लगती है। यह कविता ग्रामीण जीवन के सौन्दर्य, संस्कृति, सामाजिक मूल्य और इसी प्रकार के अनेक बिन्दुओं को तो उद्‌घाटित करती ही है, साथ ही गाँवों के शहर में परिणत होने के पीछे जो मानसिकता है, उसके तमाम पहलुओं को आर्थिक-सामाजिक आधार के साथ समझने का प्रयास भी करती है।[5]

इसी कविता में कवि लिखता है—

सुनो! सुनो!
यहीं कहीं एक कच्ची सड़क थी
जो मेरे गाँव को जाती थी
अब वह कहाँ गयी?
किस ने कहा उसे पक्की सड़क में बदल दो
उसकी छाती बेलौस कर दो
स्याह कर दो यह नैसर्गिक छटा
विदेशी तारकोल से।

कृष्णदत्त पालीवाल की यह बात उचित प्रतीत होती है कि गँवई संवेदना का प्रकृत राग तोड़ने में यांत्रिक सभ्यता की विकृत आधुनिकता का हाथ है। इसी विकृत आधुनिकता के बाजारवाद ने आर्थिक शोषण के नये ढंग इजाद किए हैं और ग्रामीण को चूस कर बर्बाद कर दिया है।

संक्षेप में हम कह सकते हैं कि आरम्भ में सर्वेश्वर का कवि छायावादी संवेदना की रोमेण्टिक प्रवृत्तियों तथा अस्तित्ववादी दर्शन से प्रभावित अवश्य रहा है किन्तु प्रेम और सौन्दर्य के साथ-साथ कवि की सामाजिक प्रतिबद्धता, सामाजिक-राजनीतिक जागरूकता, व्यवस्था विरोध तथा ग्रामीण रागात्मक बोध को भी नजरअन्दाज नहीं किया जा सकता।

सन्दर्भ संकेत

1. हरिचरण शर्मा, सर्वेश्वर का काव्य : संवेदना और सम्प्रेषण, पृ. 106-107
2. नन्द किशोर नवल, समकालीन काव्य यात्रा, पृ. 64-65
3. राजेन्द्र प्रसाद तिवारी, भारतीयता और हिन्दी कविता, पृ. 95-97
4. नन्द किशोर नवल, कविता की मुक्ति, पृ. 121
5. मीनाक्षी व्यास, सर्वेश्वर : सृजन के नये आयाम, पृ. 31

धूमिल की आरम्भिक कविताएँ और अकविता-आन्दोलन

धूमिल के तीन कविता-संग्रह सामने आये हैं—'संसद से सड़क तक', 'कल सुनना मुझे', तथा 'सुदामा पाण्डे का प्रजातन्त्र'। इनमें पहला कविता-संग्रह 'संसद से सड़क तक' उनके जीवनकाल में प्रकाशित हुआ था तथा बाद के दो संग्रह मरणोपरान्त प्रकाशित हुए। इन पुस्तकों के माध्यम से धूमिल की एक सौ बाईस कविताएँ सामने आयी हैं। इन कविताओं में आनेवाले कुछ यौन-प्रतीकों तथा 'मूतना', 'गर्भ गद्गद् औरत; 'मासिक धर्म', 'गर्भपात', 'वीर्यपात', 'नेकर का नाड़ा', 'लड़कियों के स्तन', 'औरत की लालची जांघ', 'उबासियों में ऊँघते नितम्ब' तथा 'भूखे गर्भाशय' जैसे शब्द-प्रयोगों के आधार पर उनकी कविताओं को कुछ आलोचक अकवियों की रचनाओं से प्रभावित मानते हुए उनकी आरम्भिक कविताओं को अकविता-आन्दोलन के साथ जोड़ने के पक्ष में हैं।

वास्तव में इस बात का कहीं कोई स्पष्ट प्रमाण नहीं मिलता कि धूमिल ने स्वयं कहीं अकविता आन्दोलन से जुड़ने की बात कही हो। यह तथ्य 25 नवम्बर 1967 को सहारनपुर से विनोद भारद्वाज के नाम लिखे धूमिल के पत्र से और भी स्पष्ट हो जाता है जहाँ कवि लिखता है : "अकविता-7' में मेरी एक कविता 'शान्तिपाठ' छप गयी है और तुम तो जानते हो कि अकविता मेरे लिए कोई आन्दोलन नहीं सिर्फ एक छोटी कविता है। 'नई धारा' में मेरी एक कविता 'मकान' छपी है। पढ़कर राय देना।....'आलोचना' में एक काफी लम्बी कविता छप रही है।" वर्ष 1967 धूमिल के लिए एक ऐसा वर्ष कहा जा सकता है जिस समय वह 'कुत्ता', 'एक बूढ़ा मैं', 'शान्तिपाठ', 'कविता' (संसद से सड़क तक संग्रह की प्रथम कविता), 'शहर का व्याकरण' और 'मोचीराम' जैसी कविताएँ एक साथ लिख रहे थे। किन्तु 'कविता' कविता की अपेक्षा 'मोचीराम' जैसी कविता के प्रति छपवाने का आकर्षण इस बात की ओर भी संकेत करता है कि धूमिल 'कविता' के स्थान पर (जिसमें 'हर लड़की

तीसरे गर्भपात के बाद धर्मशाला हो जाती है', जैसी बात आयी है। 'मोचीराम' को अधिक महत्त्व देते हैं।

धूमिल वास्तव में ऐसा कवि था जिसने विभिन्न काव्यान्दोलनों को चुनौती देकर अपना अलग व्यक्तित्व बनाये रखा। काशीनाथ सिंह का यह कहना बहुत सही है कि धूमिल के आने तक आलोचना का मुँह कहानी की ओर था। वह आया और उसने आलोचना का मुँह कविता की ओर कर दिया। अकेले आलोचक ही नहीं, कवि भी घूम गये। फिर भी कुछ आलोचकों ने शब्द-प्रयोगों के आधार पर धूमिल को अकवितावादियों से जोड़ कर कवि की सामाजिक चेतना पर प्रश्नचिह्न लगाया है। उनमें से एक आलोचक ने तो यहाँ तक कह दिया 'राजकमल चौधरी तथा अन्य अकवितावादियों के प्रभाव से धूमिल ने कहीं-कहीं नारी को नग्न करने का प्रयास किया है। धूमिल पर राजकमल चौधरी और कलकत्ता की भूखी पीढ़ी के कवियों का प्रभाव है। कोई मार्क्सवादी दृष्टि का कवि, किसी प्राकृतिक मनःस्थिति में, नारी के विषय में उद्धत भी हो सकता है किन्तु मार्क्सवाद और क्रान्ति का बोध नारी को नग्न कर, उसके प्रति औद्धत्व का समर्थन नहीं सिखा सकता, क्योंकि क्रान्तिकारी नारी को साथी मानते हैं, मात्र औरत नहीं।' यह बात धूमिल की 'राजकमल चौधरी के लिए' कविता के सन्दर्भ में कही गयी है तथा अकवितावादियों के प्रभाव को सिद्ध करने के लिए उन्होंने इसी कविता से विभिन्न उदाहरण प्रस्तुत किए हैं। जैसे—'औरतें योनि की सफलता के बाद गंगा का गीत गा रही हैं।' तथा 'मासिक धर्म रुकते ही सुहागिन औरतें' सोहर की पंक्तियों का रस/(चमड़े की निर्जनता को गीला करने के लिए)। नये सिरे से सोखने लगती हैं/जाँघों में बढ़ती हुई लालच से/भविष्य के रंगीन सपनों को/जोखने लगती हैं।'

इस तरह के अनुच्छेदांशों को उद्धृत करते हुए धूमिल की कविता पर अकवितावादियों का प्रभाव सिद्ध करना तथा उनकी सामाजिक चेतना पर प्रश्नचिह्न लगाना उचित प्रतीत नहीं होता। क्योंकि यदि हम 'सुदामा पाण्डे का प्रजातन्त्र' कविता-संग्रह की कविताओं को देखें तो ज्ञात होगा कि धूमिल औरत को 'हम बिस्तर' नहीं 'हम सफर' मानते हुए उसका पूरा सम्मान करते हुए पुरुष के बराबर दर्जा देता है। 'घर में वापसी' शीर्षक कविता की निम्न पंक्तियाँ इसका प्रमाण हैं—'पत्नी की आँखें, आँखें नहीं/हाथ हैं, जो मुझे थामे हुए हैं।' धूमिल औरत के विरोधी नहीं औसत औरत की जड़ता के विरोधी हैं और इसी जड़ता को तोड़ने के लिए वह कुमारी रोशनआरा बेगम की स्मृति में लिखी कविता में लिखते हैं—'ओ प्यारी भाभियो/ओ नटखट बहिनो/सिंगारदान को छुट्टी दे दो/आईने से कहो वह कुछ देर अपना अकेलापन घूरता रहे/कंघी को झड़े हुए बालों की याद में गुनगुनाने दो/यह चोटी करने का वक्त नहीं और न बाजार का?/बालों को ऐंठ कर जूड़ा बाँध लो/और सब के सब मेरे पास आ जाओ/देखो, मैं एक नयी और ताजा खबर के साथ/घर की दहलीज पर खड़ा हूँ।'

धूमिल की आरम्भिक कविताओं पर विचार करते समय एक बात का ध्यान रखना भी आवश्यक है कि सेक्स सम्बन्धी वर्जित शब्दों का प्रयोग धूमिल ने अकविता के कवियों से भिन्न सन्दर्भ और भिन्न ढंग से किया है। धूमिल वास्तव में गँवई अनुभव और किसानी संस्कार का कवि है। उसने इस दुनिया को एक किसान की आँख से देखा है। यह किसानी संस्कार धूमिल की प्रथम कविता से लेकर अन्तिम कविता तक स्पष्ट रूप से देखने को मिलते हैं। यही कारण है कि डॉ. काशीनाथ सिंह लिखते हैं, 'वह गिन्सबर्ग को नापसन्द करता था लेकिन 'कदिश' और 'हाउल' उसे अच्छी लगती थीं; वह राजकमल के बारे में बात नहीं करता था, लेकिन उसकी मृत्यु पर मर्सिया लिखता था, वह येव्तुशेंको और मायकोव्स्की की तारीफ करता था लेकिन कभी-कभी आस्कर वाइल्ड भी उसे अच्छा लगता था।' इस तरह देखें तो धूमिल में एक अन्तर्विरोध देखने को मिलता है। इस बात को तो पूरी तरह से नहीं स्वीकार किया जा सकता कि धूमिल अकविता-आन्दोलन के साथ सम्बद्ध थे, किन्तु इस बात का पता गोविन्द उपाध्याय के संस्मरण से अवश्य चलता है कि धूमिल को राजकमल चौधरी के कविता-संग्रह के साथ कुछ ममता सी थी। कभी-कभी अपने बनारस प्रवास के दौरान (सन् 1962-63 में एलेने गिंसबर्ग बनारस आया था) गिंसबर्ग धूमिल को अपनी कविताएँ सुनाया करते थे। बहुत सम्भव है गिंसबर्ग और राजकमल चौधरी जैसे कवियों की मित्रता के परिणामस्वरूप धूमिल की कविता में कुछ सुरुचिभंजक शब्द आये हों। लेकिन भूखी पीढ़ी का 'प्रचार मूल्य' और 'अर्थहीनता' तथा 'नकारवाद' का जीवन-दर्शन धूमिल को पूरी तरह से अपनी लपेट में ले लेता, इसके पहले ही डॉ. नामवर सिंह का परिचय धूमिल को मार्क्सवाद की ओर ले गया। उनकी रुचि मार्क्सवाद में तो नहीं, मार्क्सवादी साहित्य में बढ़ी—ख़ास तौर से हिन्दी की प्रगतिशील कविता और कविता की प्रगतिशील समीक्षा में।

सुदामा पाण्डे : गीत से कविता की ओर

किसी कवि को ठीक-ठीक समझने के लिए उसके पूरे काव्य-विकास पर ध्यान देना आवश्यक है। इससे न केवल कुछ नये तथ्य सामने आते हैं बल्कि कुछ अन्तर्विरोध भी देखने को मिलते हैं। धूमिल के काव्यात्मक विकास को रेखांकित करते हुए डॉ. हुकुमचन्द राजपाल लिखते हैं—'धूमिल का सम्पूर्ण कवि व्यक्तित्व एक सा नहीं रहा है। अब तक धूमिल के प्रकाशित काव्य-संग्रह 'बाँसुरी जल गयी' (1961), 'संसद से सड़क तक' (1972) तथा 'कल सुनना मुझे (1977) कथ्य एवं भाषा की दृष्टि से एक-दूसरे से पृथक कोटि के हैं। इसे कवि का विकास, काव्य का विकास अथवा युग की आवश्यकताओं के प्रति कवि का झुकाव—कुछ भी कहा जा सकता है।' डॉ. राजपाल ने सन् 1961 में प्रकाशित 'बाँसुरी जल गयी' नाम के जिस कविता संग्रह का उल्लेख अपनी पुस्तक में किया है, इस नाम से कोई भी कविता अथवा

गीत-संग्रह धूमिल का प्रकाशित नहीं हुआ। हाँ इतना अवश्य है कि धूमिल गीत से कविता की ओर आये हैं। गीत से कविता की ओर होने वाली धूमिल की यात्रा के सम्बन्ध में उनके सुपुत्र रत्नशंकर का कहना है कि उनकी एक पाण्डुलिपि सन् 1957-58 की मिली है। जिसमें गीत, बिरहा, दोहा, शेर आदि रचनाओं के अतिरिक्त कहानियाँ एवं निबन्ध भी हैं। तभी से लेखन का अबाध सिलसिला चलता रहा। स्पष्ट है कि धूमिल ने गीतों से अपनी काव्य-यात्रा आरम्भ की किन्तु शीघ्र ही वह सार्थक कविता की ओर लौट आये। फिर भी उनकी आरम्भिक कविताओं में तुकान्तता बीच-बीच में देखने को मिलती है, जिससे वह बहुत देर तक स्वयं को मुक्त नहीं कर सके। इसे हम धूमिल की कविता का अन्दाज अथवा सीमा दोनों ही कह सकते हैं। धूमिल का पहला संग्रह उनके जीवनकाल में सन् 1972 में 'संसद से सड़क तक' शीर्षक से प्रकाशित हुआ। जिसमें संकलित कविताओं का रचनाकाल 1965 से 1970 तक है। उसके बाद दो कवितासंग्रह 'कल सुनना मुझे' तथा 'सुदामा पाण्डे का प्रजातन्त्र' क्रमशः सन् 1977 तथा 1984 में मरणोपरान्त प्रकाशित हुए। इन दोनों संग्रहों में 1970 से 14 जनवरी 1975 तक की कविताएँ सम्मिलित की गयी हैं। इन पुस्तकों में धूमिल की कविताओं का चयन जहाँ स्वयं सम्पादकों ने किया है वहाँ इन कविता संग्रहों के नाम भी अपनी इच्छानुसार रखे हैं। इन संग्रहों के अतिरिक्त डॉ. शुकदेव सिंह ने सन् 1983 में 'धूमिल की कविताएँ' शीर्षक पुस्तक का सम्पादन किया है जिसमें 'संसद से सड़क तक' संग्रह से लेकर 'सुदामा पाण्डे का प्रजातन्त्र' तक की सत्ताईस महत्त्वपूर्ण कविताएँ संकलित की हैं। अतः धूमिल के काव्यात्मक विकास को समझने के लिए एक-एक संग्रह को आधार न बनाकर समग्रता में धूमिल की छोटी-बड़ी महत्त्वपूर्ण कविताओं को ही आधार बनना उचित होगा।

धूमिल की कविता : बैलमुत्ती इबारत से लोहे के स्वाद तक

जिन दिनों 'जनयुग', 'आलोचना', 'आरम्भ', 'अकथन', 'कल्पना', 'नयी धारा' और 'आमुख' पत्रिकाओं के माध्यम से धूमिल की कविताएँ सामने आयीं उन दिनों आलोचकों को हिन्दी-कविता में एक नयी गति दिखाई दी। धूमिल की कविता की ओर आकर्षित होने का एक प्रमुख कारण यह भी था कि उन्होंने साठोत्तरी काव्य में एक नये ढंग की अभिव्यक्ति को आविष्कृत किया और इसके साथ ही ठोस जीवन-सन्दर्भों तथा राजनीति को अनुभव का विषय बनाकर अपने समकालीनों में एकदम ताजे तथा पाठकीय संवेदना को झकझोर देने वाले मुहावरों का प्रयोग किया। नयी कविता के पतझड़ में कथ्य और अभिव्यक्ति का ये हरापन साठोत्तरी कविता का नया जन्म था।

सन् 1966 की बिहार और उड़ीसा की भुखमरी तथा अकाल की घटना, 1967 का भाषा-आन्दोलन तथा आम चुनाव, 1968 में होने वाला धूमिल का स्थानान्तरण,

नक्सलबाड़ी का आन्दोलन और इन सबके बीच गाँव-बिरादरी, पंचायत तथा जमीन के झगड़ों के सिलसिले में कचहरी की दौड़धूप आदि ऐसे अनुभव हैं जिनमें धूमिल के कवि का विकास होता रहा है। यही कारण है कि बैलमुत्ती इबारतों से चलने वाला कवि लोहे के स्वाद की ओर अग्रसर होता है।

सन् 1964 के दौरान धूमिल ने बार-बार इस बात पर जोर दिया कि कविता का खास विषय होना चाहिए और इसके लिए अनेक पेशेवर लोगों से अच्छा विषय क्या हो सकता है। इसी दौर में उन्होंने 'मोचीराम' कविता की रचना की, जो नाटकीय कौशल, तीखे व्यंग्य, गहन चिन्तन तथा सजीव ज्वलन्त बिम्ब की दृष्टि से सर्वाधिक प्रभावशाली कविता कही जा सकती है। अर्थतत्त्व की दृष्टि से कहा जा सकता है कि वर्ग-दृष्टि सम्पन्न लेखक ही ऐसी कविता की रचना कर सकता है। सन् 1966 में बिहार और उड़ीसा में जो भीषण अकाल पड़ा उसी का उल्लेख धूमिल ने 'अकालदर्शन' शीर्षक कविता में किया है। कवि देखता है कि लोग अकाल में बिलबिला रहे हैं, पत्ते और छाल खा रहे हैं तथा मर रहे हैं। कुछ लोग दान कर रहे हैं। जलसों-जुलूसों में भीड़ की पूरी ईमानदारी से हिस्सा ले रहे हैं और अकाल को सोहर की तरह गा रहे हैं। झुलसे हुए चेहरों पर कोई चेतावनी नहीं है। कवि की दृष्टि में यह देश एक ऐसा जंगल है जिसमें भेड़ियों का राज है। भेड़िये भेड़ों को खा रहे हैं। किन्तु मजे की बात यह है कि जिनका आधे से ज्यादा शरीर भेड़ियों ने खा लिया है वे इस जंगल की सराहना करते हैं कि भारतवर्ष नदियों का देश है। यद्यपि यह दूसरी बात है कि इस बार उनको पानी ने मारा है।

सम्पूर्ण उत्तरी भारत में, विशेषकर उत्तर प्रदेश में 1967 में भाषा आन्दोलन हुआ। कम्युनिस्ट दलों को छोड़कर सभी ने उसका समर्थन किया था। धूमिल ने अपनी कविता 'भाषा की रात' में यही दृष्टिकोण स्वीकार किया है–'चन्द चालाक लोगों ने/बहस के लिए/भूख की जगह/भाषा को रख दिया है।' 'भाषा की रात' कविता में धूमिल का कवि इस निष्कर्ष पर पहुँचता है कि भाषा को ठीक करने से पहले आदमी को ठीक करना जरूरी है–'भाषा उस तिकड़मी दरिन्दे का कौर है/जो सड़क पर और है/संसद में और है/इसलिए बाहर आ!/सड़क के अन्धेरे से निकलकर/सड़क पर आ/भाषा ठीक करने से पहले आदमी को ठीक कर/आ अपने चौदहों मुखों से/बोलता हुआ आ।'

'संसद से सड़क तक' संग्रह में संगृहीत 'नक्सलबाड़ी' शीर्षक कविता इस बात का उदाहरण है कि नक्सलबाड़ी आन्दोलन ने भी धूमिल को भीतर तक आन्दोलित किया था। यह कविता वर्णनात्मक न होकर सांकेतिक है। ऐसा प्रतीत होता है कि कवि इस वामपन्थी उग्र उभार की असफलता के कारण क्षुब्ध है। उसे इस बात का क्षोभ है कि लोग दक्षिणपंथियों की तरफ हैं और वामपन्थ का साथ नहीं दे रहे हैं। इस कविता में कवि अनेक प्रश्न करता हुआ सत्य उद्घाटित करना चाहता है।

वह दूसरे किसी प्रजातन्त्र को ढूँढ़ने का उपक्रम करता है। 'पतझड़' शीर्षक कविता में कवि देश में फैली हुई बेकारी पर गहरी चोट करता है तो 'बीस साल बाद' शीर्षक कविता में धूमिल का कवि साफ-साफ शब्दों में एक प्रश्न पूछता है—'क्या आजादी सिर्फ तीन थके हुए रंगों का नाम है/जिन्हें एक पहिया ढोता है/या इसका कोई खास मतलब होता है।' 'पटकथा' धूमिल की सर्वाधिक चर्चित तथा लम्बी कविता है जिसकी चर्चा के बिना धूमिल के काव्यात्मक विकास की चर्चा अधूरी प्रतीत होती है, किन्तु इस कविता की चर्चा लम्बी कविता की परम्परा के सन्दर्भ में बाद में की जाएगी। इससे पूर्व 'कल सुनना मुझे' तथा 'सुदामा पाण्डे का प्रजातन्त्र' पुस्तकों में से कुछ चर्चित कविताओं की चर्चा करना आवश्यक प्रतीत होता है। इन कविताओं में हम सबसे पहले धूमिल की छोटी किन्तु एक बड़ा प्रश्न रखने वाली कविता 'रोटी और संसद' पर विचार करेंगे।

'रोटी और संसद' धूमिल की एक छोटी कविता है किन्तु यह हमारे सामने एक बड़ा और महत्त्वपूर्ण प्रश्न उठाती है। धूमिल का कहना है कि इस देश में एक आदमी रोटी बेलता है, एक आदमी रोटी खाता है। एक तीसरा आदमी भी है जो केवल रोटी से खेलता है। इस तीसरे आदमी को दण्डित करना होगा। यदि हम धूमिल के सम्पूर्ण कृतित्व के सन्दर्भ में इस प्रश्न पर विचार करें तो हमारे सामने कुछ और प्रश्न भी उठते हैं। एक तो यह कि क्या धूमिल की कविता इस तीसरे आदमी को दण्डित करा सकी? दूसरा यह कि क्या तीसरे आदमी ने रोटी से खेलना बन्द किया? स्पष्ट है ऐसा कुछ नहीं हुआ, किन्तु इतना निश्चित है कि जागरूक निगाहों की एक बढ़ती फौज उस तीसरे आदमी को लगातार घूरे जा रही है और निगाहों की फौज बढ़ती जा रही है। इसी को धूमिल की कविता की सबसे बड़ी उपलब्धि कहा जा सकता है।

धूमिल का काव्य उनके समकालीन परिवेश का ऐसा एक्स रे है जहाँ एक ओर अभावग्रस्त जिन्दगी के मर्मस्पर्शी अक्स हैं, वहाँ दूसरी ओर समाज की स्थिति, गतिहीनता, जर्जरता, विकृतियों और विडम्बनाओं को बखूबी समझा जा सकता है। 'किस्सा जनतन्त्र' कविता को इस सन्दर्भ में देखा जा सकता है। यह एक साधारण परिवार के अभावग्रस्त जीवन की सुन्दर एवं सशक्त अभिव्यक्ति है।

धूमिल के कवि कर्म के विकासक्रम के सन्दर्भ में गोविन्द उपाध्याय लिखते हैं कि सन् 1970 के करीब धूमिल में काफी परिवर्तन आने लगा था। उन्हें ऐसी धुन सवार हो गयी कि दुनिया को बदल देना है। इस जमाने में उनकी निर्भीकता तथा आक्रोश लगता था कि प्रमाद की सरहद को छूता है।... इसी दौर में उन्होंने 'कविता श्रीकाकुलम' की रचना की थी। इन दिनों वह हिटलर, मुसोलनी, स्तालिन, लेनिन आदि के बारे में विशद चर्चा करते थे। ऐसे समय में कवि को विश्वास होता है कि सिर्फ बैठे रहने मात्र से स्थिति नहीं बदल सकती। उस स्थिति को बदलने

के लिए संघर्ष अनिवार्य है। हो सकता है कि वह संघर्ष आम आदमी के टुकड़े-टुकड़े करके उसे बिखरे दे। धूमिल 'आतिश के अनार-सी वह लड़की' में यह मानता है कि संघर्ष की स्थिति को झेले बिना इस अस्वास्थ्यग्रस्त व्यवस्था से मुक्ति नहीं मिल सकती–'कल तू जहाँ आतिश के अनार की तरह फूटकर/बिखर गयी है ठीक वहीं से हम/आजादी की वर्षगाँठ का जश्न शुरू करते हैं।'

धूमिल की चेतना का क्रमिक विकास 'सिलसिला', 'हत्यारे' तथा 'लोहसायं' जैसी कविताओं में देखने को मिलता है। 'सिलसिला' कविता आन्दोलन आरम्भ होने की सूचना से शुरू होती है जहाँ कवि स्पष्ट शब्दों में घोषणा करता है–'हवा गरम है/और धमाका एक हल्की सी रगड़ का/इन्तजार कर रहा है।' कवि का विश्वास है कि अब जंगल नहीं सूखेगा। पूर्ण क्रान्ति भले ही न हो सके पर अपनत्व की प्राप्ति अपने आप में बहुत बड़ी उपलब्धि है। इसे कवि ने दरवाजे तथा मेज के माध्यम से व्यक्त किया है। वह कविता को तख्ता पलटने के सिलसिले की शुरुआत से करता है तथा हरियाली पर हमला करने की प्रेरणा देता है। इतना ही नहीं कवि कहता है–'जड़ों से कहो कि अँधेरे में/बेहिसाब दौड़ने के बजाय/पेड़ों की तरफदारी के लिए/जमीन से बाहर निकल पड़ें/बिना इस डर के कि जंगल/सूख जाएगा।' कवि ऐसी क्रान्ति एवं आन्दोलन की सीमा से भी परिचित है, फिर भी इसके लिए लोगों में स्फूर्ति-चेतना का आह्वान करता है–'यह सही है कि नारों को/नयी शाख नहीं मिलेगी/और न आरा मशीन को/नींद की फुरसत/लेकिन यह तुम्हारे हक में है/इससे इतना तो होगा ही/कि रुखानी की मामूली-सी गवाही पर/तुम दरवाजे को अपना दरवाजा/ और मेज को/अपनी मेज कह सकोगे।'

व्यक्ति को यह व्यवस्था किस प्रकार तोड़ रही है, किस प्रकार उसका व्यक्तित्व चूर-चूर हुआ जा रहा है, इसकी तीव्र अनुभूति कवि को होती है और वह तनावग्रस्त हो क्रुद्ध हो जाता है। कवि यह बात भी अच्छी तरह जानता है कि हम हर क्षण इस अस्वास्थ्यग्रसित व्यवस्था की मजबूत जकड़ में गिरफ्तार हैं । 'हत्यारे' शीर्षक कविता में कवि कहता है–'वे तुम्हारी बातों में शामिल हैं/हर वक्त वे तुम्हारा पीछा कर रहे हैं/चाय घर में तुम उनके बारे में/बतिया रहे हो।' कवि यह भी स्पष्ट करता है कि उनके बारे में बतियाना हमारी आदत बन गयी हैं। वे सट्टी में, डाकखाने में पत्र लिखते हुए, पत्नी को चूमते हुए, बच्चों को स्कूल छोड़ते हुए हर वक्त हमारा पीछा करते हैं। ऐसी स्थिति में हमें क्या तय करना होगा इसी ओर धूमिल 'हत्यारे–(दो)' शीर्षक कविता में इशारा करते हैं–'हत्यारों ने फेंक दिए हैं/सारे शब्द और विचार। उन्होंने हथियार उठा लिए हैं इस वक्त/इस वक्त तुम्हें तय करना है कि तुम/क्या करोगे।'

हमें क्या करना चाहिए! इसके सम्बन्ध में धूमिल का कवि चुपचाप, खामोश, बैठा नहीं दिखाई देता अपितु 'वापसी' शीर्षक कविता में इसका साफ-साफ उत्तर

रोटी के संघर्ष में दौड़-धूप के पश्चात घर लौटे आदमी के मुँह से इन शब्दों में दिलवाया है—'चूल्हे का कोयला और पतीली की दाल/बुदबुदाते हैं—रोटी का क्या हुआ? औरत आँचल ठीक करती है एक कनफटी कमीज/ खूँटी पर झूलती है दौड़धूप के बाद/बेतहाशा लौटे आदमी का मुँह/धोती है बाल्टी। चौका बुलाता है। "ओह! आह!! अच्छे बच्चे रोते नहीं!"...पिता का दिल मर्द की तरह टूटता है/और चूल्हे की आग/उसकी आँखों में जलने लगती है/हे भाई हे! अगर चाहते हो/ कि हवा का रुख बदले/तो एक काम करो/ हे भाई हे!!/संसद जाम करने से बेहतर है—/सड़क जाम करो।' इस पूरी कविता के बीच में से गुजर कर लगता है कि ढढ्ढा साइकिल पर रोटी की जुस्तजू में निकला 'किस्सा जनतन्त्र' का व्यक्ति घर लौटकर 'वापसी' कविता में इस निष्कर्ष पर पहुँचता है कि यदि हम चाहते हैं कि हवा का रुख बदले तो इसके लिए संसद जाम करने के स्थान पर सड़क को जाम करना बेहतर है। इस प्रकार की पंक्तियाँ धूमिल की परिवर्तित मानसिकता तथा दृष्टि विकास की ओर भी संकेत करती हैं। कवि की 'लोहसायं' कविता को भी इसी सन्दर्भ में देखना होगा। इस कविता में धूमिल का 'टेकू बनिहार' धूमिल के लोहार कवि को चेताता है—'हँसुये पर ताव जरी ठीक तरह देना/कि धार मुड़े नहीं आजकल/छिनार निहाई ने/लोहे को मनमाफिक हनने के लिए/ हथौड़े से दोस्ती की है।'

धूमिल अपने परिवेश से पूरी तरह जुड़े हुए कवि हैं। अपने समूचे परिवेश में धूमिल यथार्थ की ठोस धरती पर खड़े रहे हैं। उनकी कविता उस सन्त्रस्त-प्रपीड़ित मानव का दर्द मुखरित करती है जो टूटता हुआ, घुटता हुआ जीने की यन्त्रणा को वहन करता है। धूमिल की अन्तिम कविता से यह बात और भी सिद्ध हो जाती है कि मनोरंजन कविता का उद्देश्य नहीं, उसका एक मात्र उद्देश्य आज के आदमी की दुःख-कथा कहना है—'शब्द किस तरह/कविता बनते हैं इसे देखो/अक्षरों के बीच गिरे हुए/ आदमी को पढ़ो/क्या तुमने सुना कि यह/लोहे की आवाज है या मिट्टी में गिरें हुए खून का रंग/लोहे का स्वाद/लोहार से मत पूछो/उस घोड़े से पूछो/जिसके मुँह में लगाम है।'

धूमिल की इस अन्तिम कविता को पढ़कर कविता का प्रत्येक पाठक यही कह सकता है कि कवि की वेदना रोमानी वेदना नहीं। उनकी कविताओं से मिलने वाला दर्द किसी प्रेम-पात्र के स्मरण में, कसक के रूप में उत्पन्न नहीं होता और न ही यह पश्चात्ताप या आत्मपरिमार्जन की वेदना है जो अपराध भाव से पीड़ित लोगों में होती है। इसे तो वास्तव में लोक-वेदना कहना चाहिए, क्योंकि उसकी प्रकृति सामुदायिक है, वैयक्तिक नहीं।

राजनीतिक चेतना और धूमिल की कविताएँ

रघुवीर सहाय की कविताओं के सम्बन्ध में जो बात कही गयी है उसे धूमिल की

कविताओं पर पूरी तरह लागू किया जा सकता है कि धूमिल की कविताओं को पढ़ने से ऐसा अहसास होता है कि हिन्दी-कविता यहाँ पहली बार संसद में प्रवेश करती है, विरोध के द्वार से। साठोत्तरी कवियों में धूमिल पहला ऐसा कवि है जिसने 'अकविता' से काव्य-यात्रा आरम्भ करके ऐसी अभिव्यक्ति को तलाशा कि ठोस जीवन-सन्दर्भों और राजनीति को अनुभव का विषय बनाकर अपने समकालीनों में सबसे अधिक टटके और पाठकीय संवेदना को झकझोर देने वाले मुहावरे प्रयोग किए। यही कारण है कि धूमिल की तमाम कविताओं को सामाजिक-राजनीतिक समस्याओं का ऐसा लम्बा काव्यात्मक नाटक कहा जा सकता है जिसमें राजनीतिक चेतना से सम्पन्न गीत भरे पड़े हैं। यहाँ एक बात का स्पष्ट उल्लेख करना आवश्यक प्रतीत होता है कि धूमिल की वैचारिक प्रतिबद्धता को मार्क्सवादी नहीं कहा जा सकता। डॉ. कृष्णदत्त पालीवाल का कहना है कि लोहियावादी विचारधारा का बहुलांश उनमें अनजाने ही प्रतिफलित हुआ है। लोहिया भूख, कीचड़, जंगल, दंगल तथा गैरबराबरी को लेकर चिन्तित रहे हैं, उनके चिन्तन ने युवा मानस को भीतर से झकझोरा भी है। नये लेखन में यह चिन्तन अनेक छवियों, मुद्राओं, संकेतों, प्रतीकों आदि से व्यक्त हुआ है। चिन्तन की यही भारतीय परम्परा धूमिल में तेज धार बनकर कहती है—'कल सुनना मुझे/ आज मैं लड़ रहा हूँ।' यह लड़ाई गैरबराबरी तथा सड़ांध भरी व्यवस्था से है। डॉ. नन्दकिशोर नवल जैसे आलोचक धूमिल के विचारों को रघुवीर सहाय के साथ जोड़कर धूमिल की राजनीतिक समझ पर प्रश्नचिह्न लगाते हुए लिखते हैं—'धूमिल, कुरेन्द्रपारसनाथ सिंह, और वेणुगोपाल मार्क्सवादी समझे जाने वाले कवि हैं, लेकिन वास्तविकता यह है कि इनमें से किसी ने मार्क्सवादी दृष्टिकोण से राजनीति को समझने की कोशिश नहीं की है। ऐसी स्थिति में यह आश्चर्यजनक नहीं कि धूमिल के विचार भी वही हैं जो रघुवीर सहाय के।' इसी को स्पष्ट करते हुए वह आगे लिखते हैं—'धूमिल के लिए अपने देश की आजादी का कोई अर्थ नहीं। आजादी का वे एक ही अर्थ समझते हैं—समाजवाद। अपने देश में समाजवाद न देखकर वे पूरी तरह से निराश हो जाते हैं...धूमिल का यह भावुकतापूर्ण दृष्टिकोण उन्हें गैर मार्क्सवादी कवियों की निराशा और अनिश्चय तक ले जाता है।'

यह ठीक है कि धूमिल ने मार्क्सवादी दृष्टिकोण के आधार पर राजनीति को समझने की कोशिश न की हो। किन्तु धूमिल सही अर्थों में सामाजिक-राजनीतिक चेतना के कवि हैं। उनकी सभी कविताएँ किसी न किसी स्तर पर संसद या सड़क से जुड़ी हुई है। डॉ. विश्वनाथ प्रसाद तिवारी का यह कहना बहुत सही है कि धूमिल की कविता सच्चे अर्थों में सड़क और संसद अर्थात् जनता और जनतन्त्र की कविता है। उनकी कविता की सारी शब्दावली सामाजिक और राजनीतिक संसार की शब्दावली है। वे सही अर्थों में सामाजिक-राजनीतिक चेतना के कवि हैं। धूमिल की कविता में जिन शब्दों का प्रयोग सबसे अधिक हुआ है, वे हैं—जनतन्त्र, संसद, जनता, आदमी,

जंगल, व्याकरण, भाषा, कविता और जाँघ। इन शब्दों का बार-बार प्रयोग उनकी कविता की मानसिकता को प्रकट करता है। 'जनतन्त्र' और 'संसद' जैसे शब्दों का अधिक प्रयोग धूमिल की कविता की राजनीतिक चेतना और उसकी राजनीतिक जागरूकता को व्यक्त करता है। आजादी, जनतन्त्र, संसद पर व्यंग्य करते चले जाना धूमिल की कविता की विशेषता है।

धूमिल की सभी कविताओं में समकालीन भारतीय राजनीति से साक्षात्कार की कोशिश मिलती है। पिछले दशकों में कविता और राजनीति के सम्बन्धों को लेकर काफी बहसें हुई हैं और माना गया है कि आज की प्रतिबद्ध कविता अपने समय की राजनीति से सरोकार रखती है। इस सन्दर्भ में रघुवीर सहाय की कविता विशेष रूप से उल्लेखनीय है जो पिछले दशकों की कविताओं में सबसे अधिक राजनीतिक समझ लिए हुए है। धूमिल की कविता भी अपने समय की राजनीति और उसके चरित्र को व्यक्त करने की कोशिश करती है। 'जलता जनतन्त्र', 'गाँधी के तीन बन्दर; 'रोजगार दफ्तर', 'मेकमोहन रेखा', 'बजट का अंधेरा', 'विदेशी मुद्रा', 'नगर पिता', 'शहर कोतवाल', 'वित्तमन्त्री', 'विपक्षी नेता', 'वारण्ट के साथ आया अमीन', 'पंचवर्षीय योजनाएँ', 'अणुबम के मसौदे', 'लाल हरी झण्डियाँ', 'नारे', 'फाइलें', 'मंत्रियों की कुर्सियाँ', 'चुनाव के इश्तिहार', 'संविधान की धाराएँ' आदि प्रयोग उनके उद्देश्य को व्यक्त करते हैं।

धूमिल के कवि का सीधा सम्बन्ध सामाजिक एवं राजनीतिक यथार्थ से है। उनके लिए राजनीति जीवन का कटु सत्य बनकर आयी है। कवि यह मानता है कि राजनीति ने जीवन के हर पक्ष को मानो ग्रस सा लिया है। इसलिए उनका काव्य सामाजिक एवं राजनीतिक यथार्थ का जीवन्त दस्तावेज बन गया है। युवा लेखन के सम्बन्ध में स्वयं धूमिल ने एक चेतावनी दी है कि युवा लेखन के लिए राजनीतिक समझदारी जरूरी है। बिना इस राजनीतिक समझदारी के आज का लेखन सम्भव नहीं है। अतः राजनीतिक समझदारी रखनेवाले ऐसे कवि की कविताएँ सामाजिक-राजनीतिक व्यवस्था का सपाट विरोध करने वाली कविताएँ नहीं कही जा सकतीं।

ग्रामीण बोध और धूमिल की कविता

वास्तव में धूमिल के कवि की शक्ति का मूल उत्स 'गँवई अनुभव' और 'किसानी संस्कार' है। वह दुनिया को किसान की नजर से देखते हैं, इसीलिए उनकी कविता के शब्द, बिम्ब, मुहावरे तथा परिभाषाएँ आदि अनायास ही किसानी दुनिया से आये हैं। कवि का देहाती जीवन से अविच्छिन्न रूप से जुड़ा रहना ही इसका कारण है। इसी जुड़ाव के परिणामस्वरूप धूमिल की कविताओं में ग्रामीण-बोध की भावना मुखरित हुई है। ग्रामीण परिवेश से ऐसे काव्योपकरणों को जुटाना जो अपनी बात को अधिक सम्प्रेषणीय बनाने में सहायक हो, समकालीन कविता में धूमिल ने इसके लिए पहल

की है। यही कारण है कि उनकी कविता में 'भाषा के तस्कर संकेत', 'बैलमुत्ती इबारतों' की तरह नजर आते हैं और राजनीति 'सुविधापरस्त' लोगों के ऊसर दिमाग में 'थूअर की तरह' उग आती है। कविता की निरर्थकता को उजागर करने के लिए कवि की बात केवल 'बैलमुत्ती इबारतों' तक ही समाप्त नहीं हो जाती अपितु बैल को कवि ने और भी कई प्रसंगों में याद किया है। बैल को धूमिल कितना महत्त्व देते थे, यह बात 30 जुलाई 1969 को लिखे गये डायरी के इस पृष्ठ से पूरी तरह स्पष्ट हो जाती है, जहाँ धूमिल ने लिखा है—'बाछा सुबह भोर में करीब चार बजे मर गया। किसान को बैल की मौत बूढ़े बाप से भी ज्यादा अखरती है। घर के लोग बड़े दुःखी हैं! मैंने उसके मृत शरीर को गड़वाया नहीं। निकाम चमार को बुलवा कर दे दिया। वे उसको 'निकिया' पर चमड़ा उतार लेंगे। चलो, न सही बाछा, उसका चाम तो किसी के काम आया।' मात्र 'बैल' शब्द का प्रयोग कविता में कर देने से किसी कवि का ग्रामीण-बोध स्पष्ट नहीं हो जाता। महत्त्व इस बात का है कि वह बैल को किस सन्दर्भ में कैसे इस्तेमाल करता है। बैल वास्तव में किसान अथवा गाँव की जिन्दगी है और इस तरह बैल से कविता को जोड़ना जिन्दगी की अनिवार्य शर्तों से कविता का सम्बन्ध स्थापित करना है।

उल्लेखनीय बात यह है कि जिस दौर में हिन्दी-कविता आयातित विदेशी बिम्बों और प्रतीकों से सज रही थी और हर जगह कविता में सलीब लटकते हुए दिखाई पड़ते थे उस समय धूमिल ने ठेठ अपने आस-पास की दुनिया से बिम्ब आदि लिए हैं। कहना चाहिए कि एक लम्बे समय के बाद हिन्दी-कविता को 'नये पत्ते' के निराला, 'युग की गंगा' के केदारनाथ अग्रवाल और 'युग धारा' के नागार्जुन की परम्परा से जोड़ने का सर्जनात्मक प्रयास किया। यह प्रयास पहले से अधिक वास्तविक और निर्मम था। यह बात धूमिल की 'खेवली' तथा 'गाँव में कीर्तन' जैसी कविताओं से और भी स्पष्ट हो जाती है—'मेरे गाँव में हर रोज ऐसा ही होता है/नफरत की आड़ में/चीजें अपना चेहरा उतारकर रख देती हैं/वक्त के फालतू हिस्सों में/खेतों के भद्दे इशारे गूंजते हैं। ग्राम सभा की लालटेन का शीशा टूट चुका है। नलकूपों की नलियाँ झरना हो गयी हैं/उनमें अब लाठियाँ बहती हैं और पानी की जगह/ आदमी का खून रिसता है।' डॉ. नामवर सिंह ने धूमिल को 'गँवई अनुभव और किसानी संस्कार का कवि' कहना उचित समझा है। यह गँवई दुनिया का कवि 'ग्राम्या' के कवि से कितना अलग और वास्तविक है, इसका अहसास इस बात से हो सकता है जब धूमिल का कवि कहता है—'मैं टूटते हुए परिवार में धनुष्टंकार झेलते हुए बछड़े सा कराहता हूँ।'

अपनी जमीन से जुड़ना, अपनी जड़ें पहचानना, धूमिल के काव्यानुभव की वास्तव में पहली शर्त नजर आती है। यही बात भी सही है कि धूमिल ने ठेठ ग्रामीण शब्दों को कविता में इस प्रकार 'डिजाल्व' किया है कि वे कविता के अभिन्न अंग

बन गये हैं और इन ग्रामीण शब्दों तथा बिम्बों के सार्थक प्रयोग से ही धूमिल साठोत्तरी कवियों में अपनी एक अलग पहचान बनाने में सफल हुए हैं, किन्तु उसके आधार पर यह कहना कि धूमिल 'किसानी संस्कार और ग्रामीण दुनिया का ही कवि' है, उचित प्रतीत नहीं होता। क्योंकि धूमिल की कविताएँ केवल गाँव की कहानियाँ ही नही हैं। 'संसद से सड़क तक', 'कल सुनना मुझे' तथा 'सुदामा पाण्डे का प्रजातन्त्र' की अधिकांश कविताएँ शहरी मध्यवर्ग (निम्न भी) की समस्याओं का लेखा-जोखा है। धूमिल तो सड़क से संसद तक का कवि है। यदि वह पगडण्डी से सड़क और सड़क से संसद तक पहुँचता है, तो इस किसानी संस्कार को उत्स अथवा शक्ति मानना उचित था। उनकी खीझ, आक्रोश, पूँजीपति वर्ग के प्रति, नेताओं के प्रति स्पष्ट है पर अपने वर्ग के लोगों (मध्यवर्ग) से किसी प्रकार का पक्षपात वह नहीं करते।

डॉ. विश्वनाथ प्रसाद तिवारी धूमिल के ग्रामीण बोध के सम्बन्ध में लिखते हैं कि धूमिल पूर्वी उत्तर प्रदेश के जिन गाँवों के रहने वाले हैं वहाँ की जनता के चरित्र को उन्होंने बड़ी गहराई से पहचाना है। यह वह जानता है जो अपनी जरूरतों के आगे असहाय है। भूख ने उन्हें जानवर कर दिया है संशय ने उन्हें आग्रहों से भर दिया है। वह एक भेड़ है जो दूसरों की ठण्ड के लिए अपनी पीठ पर ऊन की फसल ढो रही है। उसमें बेचैनी है, गुस्सा है, मगर वह सामने नहीं आती। जानते हुए भी असली हत्यारे का पता नहीं बताती। उसे जाम कर देने का पूरा इन्तजाम किया जा चुका है। धूमिल अपनी कविता में इस ठण्डी, निर्जीव जनता को सम्बोधित करते हैं। उसे तनने, अकड़ने और जड़ पकड़ने की सलाह देते हैं। उसे बाहर आने को, सड़क पर आने को कहते हैं। चीखने, लीक तोड़ने और साफ-साफ बोलने को कहते हैं। विश्वास की कमी को, भलमनसाहत को, शर्म को, सरलता को छोड़ने की सलाह देते हैं—'अपनी आदतों में/फूल की जगह पत्थर भरो/मासूमियत के हर तकाजे को/ठोकर मार दो/अब वक्त आ गया है कि तुम उठों और अपनी ऊब को आकार दो।'

इस जनता की शब्दावली उनकी भाषा में बहुत मिलती है जिसके द्वारा कवि का ग्रामीण बोध उभरकर सामने आता है। चूल्हे का कोयला, पतीली की दाल, बाल्टी, चौका, पाला लगी मटर, सोहर, मूत और गोबर, डाँय-डाँय करते डाँगर, चकत्ती, टाँकना, नाधना, पोंकना, हुचर-हुचर, लिट्टी आदि शब्दावली इसी प्रकार की है। इस प्रकार की ग्रामीण शब्दावली और देहाती जिन्दगी के ठेठ चित्रों के लिए उनकी 'मोचीराम', 'प्रौढ़ शिक्षा', 'कवि-1970', 'किस्सा जनतन्त्र', 'गाँव' और 'नक्सलबाड़ी' शीर्षक कविताओं को देखा जा सकता है।

धूमिल की कविता में देश की तस्वीर

स्वाधीन भारत में आम आदमी और उसकी दुर्दशा निश्चय ही साठोत्तरी कवियों की चिन्ता का विषय है। इसलिए कहा गया है कि सार्थक और न्यायपूर्ण जिन्दगी की तलाश के लिए धूमिल का काव्य स्वाधीन भारत की कविता का नक्सलबाड़ी है। यह बात ध्यान देने की है कि धूमिल चारों ओर समकालीन बिखराव को चौकन्ना होकर देखते-सुनते हैं और पशुता के विरुद्ध स्वर उठाते हैं। उनके काव्य में कहीं जनतंत्र का खोखलापन है तो कहीं सामाजिक कुरूपताओं का नग्न चित्र। धूमिल ने विशुद्ध वर्तमान और सामयिक सन्दर्भों को ही अपने काव्य में उठाया है। धूमिल की कविता न विगत की कविता है, न भविष्य की। वह केवल आज की और इस क्षण की कविता है। प्रासंगिकता और सामयिकता ही उसकी सार्थकता है। धूमिल को आजादी के बाद का हिन्दुस्तान अपनी पूरी दुर्दशा के साथ दिखलाई देता है। वह लिखते हैं—'हिमालय से लेकर हिन्द महासागर तक/फैला हुआ/जली हुई मिट्टी का ढेर है जहाँ हर तीसरी जुबान का मतलब/नफरत है/साजिश है/अन्धेर है/यह मेरा देश है।' आजादी के बीस साल बाद लिखी कविता में धूमिल का प्रश्न था—'बीस साल बाद/ मैं अपने आप से सवाल करता हूँ/जानवर बनने के लिए कितने सब्र की जरूरत होती है।' व्यवस्था ने आतंक और दमन की भाषा में देश को कलंकित किया है। सन्त बन कर तटस्थ रहने की घोषणा देश का सबसे बड़ा दुर्भाग्य है, वह अन्धकार में सुरक्षित रहने की स्थिति है। देश की वास्तविक हालत यह है कि 'हिन्दुस्तान के नक्शे पर गाय ने गोबर कर दिया है।' इसलिए कवि का अपने आप से यह प्रश्न कितना अर्थमय और संगत है—'क्या आजादी सिर्फ तीन थके हुए रंगों का नाम है/जिन्हें एक पहिया ढोता है/या इसका कोई खास मतलब होता है।'

धूमिल ने स्वतन्त्र भारत में पनपने वाली सत्ता के संदिग्ध आचरण को पूरी तरह नंगा कर दिया है—चरित्रहीनता मन्त्रियों की कुर्सी में तबदील हो चुकी है। चाटुकारिता के बिना जिन्दा रहना असम्भव हो गया है। 'जिन्दा रहने के लिए पालतू होना जरूरी है।' धूमिल की लम्बी कविता 'पटकथा' (इसकी विस्तृत चर्चा बाद में की जाएगी) एक विराट फलक पर स्वाधीन भारत की व्यथा-कथा ज्वलन्त बिम्बों के माध्यम से प्रस्तुत करने वाली रचना कही जा सकती है। इस रचना में आजादी के बाद का पूरा इतिहास बोल उठा है।

धूमिल को हिन्दुस्तान में मनुष्य के चारों और बढ़ते, सघन होते जिस घेराव का पूरा-पूरा अहसास है वह अहसास केवल बौखलाहट में व्यक्त नहीं होता। धूमिल में बौद्धिक समझ भी है, जो अहसास को संयमित करती है और गहरा बनाती है। यहीं अन्य साठोत्तरी कवियों से धूमिल की विशिष्टता भी स्पष्ट होती है : धूमिल मात्र अनुभूति के नहीं, विचार के भी कवि हैं। उनके यहाँ अनुभूतिपरकता और विचारशीलता, अहसास और समझ, एक-दूसरे से घुलेमिले हैं और उनकी कविता मात्र

भावात्मक स्तर पर नहीं बल्कि बौद्धिक स्तर पर भी संयोजित और सक्रिय होती है। कवि का कहना है कि सरकार चाहे केन्द्र की हो चाहे प्रदेश की—जब भूख मिटा नहीं पाती तो उसके बारे में मन अन्तःकरण में आस्था कैसे रह पाएगी! ऐसी आस्थाहीनता की स्थिति भी एक बार व्यक्ति को राजनति और राजनेताओं के प्रति तटस्थता की वृत्ति धारण करना सिखा सकती है परन्तु धूमिल के मत में इस स्थिति में मात्रा कोई चीज सच है तो वह नफरत है। उनका कहना है—'धुएँ से ढके हुए/आसमान के नीचे/लगता है हर चीज/झूठ है/आदमी/देश/आजादी/और प्यार/सिर्फ नफरत सही है।'

धूमिल का कहना है कि कहने के लिए देश में प्रजातन्त्र है, किन्तु वास्तविकता यह है कि आज भी अधिनायकवाद ही चल रहा है। प्रजातन्त्र का लाभ तो बस इतना ही हुआ कि जुलूस निकालने और नारे लगाने की स्वतन्त्रता मिल गयी है। साधारण जनता को भी इन जुलूसों से कोई लाभ नहीं होता। देश की गरीबी पर यहाँ का राजनीतिक वर्ग लगातार फूलता जा रहा है। देश में बाढ़ आयी या अकाल अथवा सूखा पड़े उनकी रंगरलियों पर कोई फर्क नहीं पड़ता। बाढ़ पीड़ित लोगों को सहायता के नाम पर आधा गज कपड़ा और एक सेर आटा देकर ही सरकार अपने कर्त्तव्य की इतिश्री समझ लेती है जिसमें तीन-चार दिन काटकर वे फिर बेघरबार दाने-दाने को मोहताज घूमने के लिए विवश होते हैं। ऐसे ही देश की कभी न पूरी होने वाली तस्वीर को अपनी कविताओं में बनाता हुआ धूमिल का कवि फिर-फिर अपने से एक प्रश्न करता रहा—'कविता में कितना जहर है और कितना देश/ अपनी गरीबी की मार का मुँह मोड़ने के लिए/एक शब्द कितना कारगार होता है/तुम्हें यह सवाल तय करना था।'

संक्षेप में कहा जा सकता है कि अपने समय की और अपने देश की दशा की पकड़ धूमिल की रचनाओं में अत्यन्त घनिष्ठ रूप से जुड़ी हुई है। स्वाधीन भारत का जैसा यथार्थ और समग्र चित्र धूमिल ने अपनी कविताओं में दिया है वैसा किसी अन्य साठोत्तरी कवि ने प्रस्तुत नहीं किया।

धूमिल का कविता सम्बन्धी दृष्टिकोण

धूमिल की कविता को गहराई तक समझने के लिए उनके कविता सम्बन्धी दृष्टिकोण को जानना निहायत जरूरी है। धूमिल की सृजन-प्रक्रिया के सम्बन्ध में काशीनाथ सिंह ने एक सही टिप्पणी की है—'उनकी कविता लिखने की प्रक्रिया मुझे रीतिकालीन आचार्यों की याद दिलाती है। वह कविता करता नहीं था। बनाता था। जिस तरह रीतिकालीन कवियों का सारा ध्यान सवैया या कवित्त की अन्तिम पंक्ति पर केन्द्रित होता था या यों कहें कि सबसे पहले उनके दिमाग में समस्या आती थी और वे उसकी पूर्ति ऊपर की तीन या सात पंक्तियों से करते थे, उसी तरह धूमिल के दिमाग

में जुमले आते थे और वे जुमले कभी तो उसके उपजाऊ दिमाग की उपज होते थे और कभी उसे लोगों की बातचीत से हासिल होते थे।' कविता का पाठक 'संसद से सड़क तक' 'कल सुनना मुझे' तथा 'सुदामा पाण्डे का प्रजातन्त्र' की कविताओं में इस प्रकार के जुमलों पर अंगुली रख सकता है। जैसे–'आजादी सिर्फ तीन थके हुए रंगों का नाम है/जिन्हें एक पहिया ढोता है।' तथा 'अब उसे मालूम है कि कविता/घेराव में/किसी बौखलाये हुए आदमी का/संक्षिप्त एकालाप है।'

धूमिल के कविता संग्रह 'संसद से सड़क तक' के आरम्भिक पृष्ठ पर धूमिल की चार पंक्तियाँ प्रकाशित की गयी हैं जो कवि की कविता सम्बन्धी धारणा को स्पष्ट करती हैं–'एक सही कविता/पहले/एक सार्थक वक्तव्य/होती है।' धूमिल का 'एक सही कविता' को 'सार्थक वक्तव्य' कहना उनकी काव्य-दृष्टि को स्पष्ट करता है। उन्होंने सार्थक वक्तव्य को परिभाषित किया है और कहा है कि कविता घेराव में किसी बौखलाये हुए आदमी का संक्षिप्त एकालाप है। 'घेराव' से तात्पर्य परिवेशगत सामाजिक दबावों से है जिनमें घिरकर व्यक्ति तनावग्रस्त जीवन बिताने के लिए विवश हो जाता है। 'सार्थक वक्तव्य' को स्पष्ट करते हुए धूमिल ने एक अन्य स्थान पर लिखा है–'कविता क्या है?/कोई पहनावा है?/कुर्ता-पाजामा है?/ना भाई ना/कविता/शब्दों की अदालत में/मुजरिम के कटघरे में खड़े बेकसूर आदमी का/हलफनामा है।'

गजानन माधव मुक्तिबोध ने कविता को 'स्वयं के अधूरे शब्द', 'टूटी हुई लाइनें न उभरे हुए चित्र' कहकर उसमें किसी 'उलझे अटके हुए सत्य' को टटोलने की बात कही है। उसी को धूमिल 'अधजले शब्दों का ढेर' कहकर कविता को अपने रक्त से सींचने की बात करता है। वह कविता को मात्र अभिव्यक्ति का साधन नहीं मानता। उसके अनुसार तो कवि कविता को अपने खून से सींचता है। कवि यद्यपि 'शब्द फूल खिलाता है', पर क्योंकि उससे उसकी आदमियत का नाता होता है इसलिए कविता उसके सम्पूर्ण व्यक्तित्व को परिवेश सहित समेटे रहती है–'और तुम कहते हो कि कवि एक सुन्दर बगीचा है/जिससे अपने लिए तुम एक शब्द फूल/तोड़ सकते हो। तोड़ो,/मगर मत भूलो की इस बगीचे को/एक आदमी ने अपने खून से सींचा है।'

आज की विषमतामयी स्थिति में जबकि प्रत्येक व्यक्ति संघर्षरत है, अपने स्वार्थ की पूर्ति के लिए उसने बन्दूक तान रखी है। धूमिल का कहना है कि कविता ही व्यक्ति को विश्राम दे सकती है। कविता ही उसके दर्द और संघर्ष की थकान को दूर कर सकती है लेकिन इसके साथ ही कविता आदमी की सोयी हुई करुणा को जगाकर हिंसक वृत्तियों को दूर कर सकती है–'कवि एक मजबूत बंकर है/जहाँ खाली वक्त में/तुम जूते उतार सकते हो/बंदूक टेक सकते हो/मगर मत भूलो कि कवि एक खौलता हुआ/आँसू है। रक्त-सिक्त-उत्तप्त/जिससे तुम अपनी ठिठुरी हुई करुणा/सेंक सकते हो।' धूमिल का कहना है कि कवि व्यावहारिकता के चंगुल में फँसे मानव की संवेदनाओं की आत्महत्या की कथा है। व्यावहारिकता और संवेदनाओं का संघर्ष

ही कविता में मुखरित होता है। वास्तव में व्यक्तियों का परिस्थितियों से संघर्ष और परिस्थितियों को अपने अनुकूल बनाने के लिए भावनाओं की उपेक्षा ही तो कविता में अभिव्यक्त होती है। इसी बात का वर्णन धूमिल ने किया है—'कवि एक लय है/थकान में गिरी हुई/क्या तुमने सुना?/और तुम्हें खुशी है/मगर मत भूलो/कि कवि/व्यावहारिकता की/बँटी हुई रस्सी से झूलती हुई/संवेदना की खुदकुशी है।'

धूमिल की कविता में उस संत्रस्त-प्रपीड़ित मानव का दर्द मुखरित होता है जो टूटता हुआ घुटता हुआ जीने की यन्त्रणा को वहन करता है। उसके लिए जीना उल्लास का साधन नहीं वरन् एक सजा है। धूमिल के अनुसार मनोरंजन कविता का उद्देश्य नहीं। उसका एकमात्र उद्देश्य है आज के आदमी की दुःख-कथा कहना—'शब्द किस तरह/कविता बनते हैं/इसे देखो/अक्षरों के बीच गिरे हुए/आदमी को पढ़ो।' कविता के सृजन में अनुभव के महत्त्व को प्रतिपादित करते हुए कवि अपनी एक कविता में कहता है—'अनुभव के नये-नये पृष्ठों पर/भाषा के समर्थन में बूँदें गिरती हैं/जैसे सामूहिक हस्ताक्षर अभियान में/आसमानी दस्तखत—/और कविता-कविता से भीगती है/तृप्त और कृतज्ञ जैसे पानी/पानी से भीगता है समरस और शांत।'

कविता को धूमिल 'गुर्रानेवाली, चेतावनी देने वाली, जागती आवाज' मानते हुए उसे जोखिम कहते हैं। इसके सम्बन्ध में उन्होंने 16 फरवरी 1969 को अपनी डायरी में साफ-साफ लिखा है—'सत्यव्रत ने कहा है कि घर-घर कूकर की तरह कवि हो गये हैं। क्या यह बुरा है? इससे परेशानी क्या है? कभी रही होगी। लेकिन जब तक कविता 'गुंजाइश' थी, उससे अर्थ की प्राप्ति होती थी। लेकिन आज कविता गुंजाइश नहीं एक जोखिम है और ऐसी हालत में यदि घर-घर कवि हो जाए तो बुरा क्या है? कम से कम हर गूँगे और सोये हुए घर के सामने एक कमजोर मरियल ही सही, गुर्राने वाली—चेतावनी देने वाली जागती आवाज तो रहेगी।' इन पंक्तियों से स्पष्ट संकेत मिलता है कि कविता का दायित्व 'चेतावनी देना' है। कविता के माध्यम से चेतावनी देता हुआ कवि समाज में व्याप्त घिनौनी, अव्यवस्थित स्थितियों में लीन रहकर समाप्त नहीं होना चाहता अपितु एक दायित्वबोध से प्रेरित कवि की तरह इन्हें अपनी कविताओं का विषय बनाता हुआ लिखता है—'मगर मैं इनमें शरीक नहीं होना चाहता/मैं कविताओं में उनका पीछा करना चाहता हूँ/इससे पहले कि उसे किसी संख्या में/या व्याकरण की किसी अपाहिज धारणा में बदल दें। मैं उन तमाम चुनौतियों के लिए/खुद को तैयार करना चाहता हूँ।'

धूमिल ने कविता को जहाँ सार्थक वक्तव्य तथा चेतावनी देने वाली जागती आवाज स्वीकार किया है वहाँ उसके शिल्प को महत्त्व न देकर कथ्य को महत्त्व दिया है। इसके सम्बन्ध में 'नया प्रतीक' में प्रकाशित उनकी इस टिप्पणी को नजरअंदाज नहीं किया जा सकता, जहाँ धूमिल ने कहा है—'आज महत्त्व शिल्प का नहीं, कथ्य का है। सवाल यह नहीं कि आपने किस तरह कहा है, सवाल यह है कि आपने

क्या कहा है। इसके लिए आदमी की जरूरतों के बीच की भाषा का चुनाव करना और राजनीतिक हलचलों के प्रति सजग दृष्टिकोण कायम रखना अत्यन्त आवश्यक है।' यहाँ प्रस्तुत अन्तिम पंक्ति से एक अन्य बात भी स्पष्ट होती है कि धूमिल वास्तव में राजनीतिक चेतना और जागरूकता का कवि है जो राजनीतिक हलचलों के प्रति सजग दृष्टिकोण कायम रखना कविता की अनिवार्य शर्त स्वीकारता है।

साठोत्तरी कवियों में धूमिल पहला ऐसा कवि है जिसने सबसे अधिक कविताएँ 'कविता' के बारे में लिखी हैं। वे इस बात का प्रमाण हैं कि धूमिल कविता के भविष्य, कविता की सार्थकता को लेकर कितने चिंतित थे। उनके 'सुदामा पाण्डे का प्रजातन्त्र' संग्रह में प्रकाशित 'कविता के भ्रम में', 'अगली कविता के लिए' आदि कविताएँ इस सन्दर्भ में उल्लेखनीय हैं।

लम्बी कविता की परम्परा और 'पटकथा'

आधुनिक काल में अब तक लिखी गयी हिन्दी-कविताओं को हम चार भागों में बाँट सकते हैं—क्षणिकाएँ, छोटी कविताएँ, लम्बी कविताएँ तथा लम्बी कथात्मक कविताएँ। कविता के कलेवर को ध्यान में रखते हुए जब हम उसे 'लम्बी कविता' नाम देते हैं तो हमारा ध्यान पाश्चात्य तथा भारतीय काव्यशास्त्र की ओर चला जाता है। पो के विचार से लम्बी कविता का अस्तित्व ही नहीं होता। कविता में दोनों शब्द असंगतिपूर्ण हैं। क्योंकि कविता होगी तो लम्बी नहीं होगी और यदि लम्बी होगी तो कविता नहीं होगी। भारतीय काव्यशास्त्र में लम्बी शब्द कहीं भी प्रयुक्त नहीं हुआ है, उन्होंने इसे प्रबन्ध-काव्य, खण्ड काव्य आदि शीर्षकों में विभाजित किया है और इस तरह की रचनाओं का एक निश्चित मापदण्ड है। इससे इतर काव्य को उन्होंने मुक्तक की संज्ञा दी है।

लम्बी कविता का 'कान्सैप्ट' छायावाद से पूर्व नहीं मिलता। डॉ. रमेश कुन्तल मेघ का कहना है कि लम्बी कविता विधा की समकालीन तथा सार्थक शुरुआत निराला की 'राम की शक्ति पूजा' से हुई और इसके बाद इसका समारम्भ मुक्तिबोध की 'अँधेरे में' से हुआ। डॉ. मेघ ने यह कहते हुए 'प्रलय की छाया' तथा 'परिवर्तन' जैसी कविताओं को ध्यान में नहीं रखा है। 'राम की शक्तिपूजा' को तो वैसे भी 'लम्बी कथात्मक कविता' ही कहा जाएगा, लम्बी 'कविता' नहीं। लम्बी कविताओं के क्रमिक विकास को हम तीन भागों में बाँट सकते हैं—छायावादी लम्बी कविताएँ, प्रयोगवादी लम्बी कविताएँ तथा साठोत्तरी लम्बी कविताएँ। छायावादी लम्बी कविताओं के अन्तर्गत 'परिवर्तन' (पन्त) को लिया जा सकता है, जिसका प्रकाशन काल सन् 1924 है। प्रयोगवादी लम्बी कविताओं में सन् 1951 में प्रकाशित नरेश मेहता की 'समय देवता' कविता आती है और साठोत्तरी लम्बी कविताओं में निम्न कविताओं को रखा जा सकता है—

(1) अँधेरे में (मुक्तिबोध) प्रकाशन काल 1964

(2) मुक्ति प्रसंग (राजकमल चौधरी) प्रकाशन काल 1966

(3) आत्महत्या के विरुद्ध (रघुवीर सहाय) प्रकाशन काल 1967

(4) लुकमान अली (सौमित्र मोहन) प्रकाशन काल 1968

(5) फिर वही लोग (रामदरश मिश्र) प्रकाशन काल 1969

(6) पटकथा (धूमिल) प्रकाशन काल 1972

इनके अतिरिक्त कुछ अन्य लम्बी कविताएँ भी सामने आयी हैं। किन्तु इस सूची से ज्ञात होता है कि मुक्तिबोध के उपरान्त ही संसार के अपने अहसास और समकालीन जटिलताओं को अधिक संश्लिष्ट ढंग से उजागर करने के लिए साठोत्तरी कवि छोटी जटिल कविताओं की परिपाटी तोड़कर एक व्यापक फॉर्म की ओर अग्रसर हुए हैं। यह बात दूसरी है कि इधर की लम्बी कविताओं में अनुभव का विस्तार और गहरा संयोजन उतना नहीं जितनी उसकी स्फीति।

यहाँ हमारा लक्ष्य लम्बी कविता की परम्परा का संक्षिप्त परिचय प्रस्तुत करते हुए धूमिल की लम्बी कविता 'पटकथा' की मूल संवेदना को स्पष्ट करना है। वैसे भी 'पटकथा' की चर्चा के बिना धूमिल के काव्यात्मक विकास की चर्चा अधूरी प्रतीत होती है। इस लम्बी कविता के सम्बन्ध में डॉ. हुकुमचन्द राजपाल लिखते हैं—काव्य-विकास की दृष्टि से यह रचना संश्लिष्ट कथा का आश्रय भी लेती है। इसके प्रारम्भ में कवि बाहर जाने से 'अभिव्यक्ति' के खुले आयाम की पुष्टि करता हुआ देश की स्वतन्त्रता-प्राप्ति पश्चात की स्थिति को व्यापक धरातल पर प्रस्तुत करता है। इसमें आजादी के प्रति एक विशिष्ट भाव की ओर संकेत है। कवि पर्याप्त समय की प्रतीक्षित स्वतन्त्रता-प्राप्ति पर अपने राजनेताओं से बदलाव (सुधार) की कामना करता रहा—अपने मान्य नेता (नेहरू) को आदर सम्मान देता रहा—पर समस्याएँ घटने के स्थान पर दिनों-दिन विकट रूप धारण करती गयीं। चारों ओर देश में एक प्रकार का शोषण का वातावरण व्याप्त हो गया। इसमें कवि ने कई बार आजादी का सही प्रतीक्षित (वांछित) अर्थ खोजने का प्रयास किया, पर हाथ लगा—आग, आँसू और हाथ का तथ्यहीन मिश्रण। हिन्दुस्तान के माध्यम से देश की वस्तुस्थिति को नाटकीय धरातल पर प्रस्तुत किया गया है। पूंजीवादी दिमाग के कारण सुधार के स्थान पर शोषण होता रहा। चुनाव के नाम भी एक छलावा हाथ लगा। धीरे-धीरे उसे वास्तविकता का बोध चेहरों को सही रूप में पहचानने से होता है। संसद और जनता का सही अर्थ जानने के लिए वह इस रचना को अनेक सन्दर्भों में प्रस्तुत करता है। काव्यनायक की दृष्टि में अपना देश कैसा है? वह कहता है—'हिमालय से लेकर हिन्द महासागर तक फैला हुआ। जली हुई मिट्टी का ढेर है/जहाँ हर तीसरी जुबान का मतलब/नफरत है/साजिश है/अन्धेरे है।' और इसके अतिरिक्त यहाँ की जनता क्या है—'एक भेड़ है/जो दूसरों की ठण्ड के लिए/ अपनी पीठ दर ऊन की फसल ढो रही है।'

यहाँ भारतीय नागरिकों की स्वातन्त्र्योत्तर दशा, आकांक्षा, आशा, उद्योग और नियति का यथार्थ चित्र प्रस्तुत किया गया है, जिसमें आंतरिक जीवन और बाह्य जीवन का पूरा दृश्य उभरता है, नये मूल्यों और शोषण के क्रमों, मूढ़ता की वर्तनियों और घातक व्यवहारों को रेखांकित किया जा सकता है। नग्नता तक बढ़ी आर्थिक बेहाली, मृतकों के प्रति संवेदनशील उपेक्षा, परमवीरता दिखानेवालों की पत्नियों को प्रदान किए जाते तमगों की विडम्बना, असुरक्षित स्थितियों में सधवाओं के मंगलगीत गाने के पीछे छिपी अनजानेपन की कारुणिक विडम्बना और पूरे देश के श्मशान में बदल जाने के अभिप्रायार्थ स्पष्ट हैं। फिर भी विडम्बना यह है कि जनता मूढ़ बनी भेड़ सी दूसरों—शोषक वर्गों के लिए अपना होना और करना सार्थक कर रही है। कुल मिलाकर जनता एक शब्द है। देश की आजारी के मोहक स्वप्न के टूटने और मोहभंग के दो-दो झटकों—भारत-चीन युद्ध (भारत की करारी हार—बन्दूकों के कारखानों में जूते बनते रहने से युद्ध की आग में सारे धीरज के बह जाने से, देश के श्मशान बनने और जली-सड़ी हुई मिट्टी के ढेर में बदलने) तथा भारत-पाक युद्ध (के उपरान्त इतिहास की सबसे बड़ी ट्रेजेडी—ताशकंद में समझौते की चादर के नीचे, एक शक्ति-यात्री की लाश थी) के बाद देश, जनता और जनतन्त्र की लोकतन्त्री मूल्यता-सी विघटित स्थितियों, विश्वशन्ति और पंचशील के सूत्र का क्रूर, नंगा, हतप्रभता के बंजर में फेंकने वाला यथार्थ परिदृश्य-'पटकथा' का विस्तृत दृश्य फलक है। इसे उकेरने में कवि ने अनुभवों के स्मृत रूपों के साथ यथार्थ-कल्पना का आश्रय भी लिया है जिससे ऐतिहासिक बोध के गहराने से विडम्बनात्मक कोण उभर आये हैं। कुल मिलाकर देखा जाए तो यह कविता सामाजिक एवं राजनीतिक समस्याओं का काव्यात्मक लेखा-जोखा है।

धूमिल की कविता का अभिव्यंजना कौशल

आधुनिक हिन्दी-साहित्य की काव्य-भाषा को सर्वाधिक संक्रमणशील गतिमत्ता, त्वरा, ऊर्जा और उर्वरता देने वाले कवियों में निराला, मुक्तिबोध और धूमिल हैं। निराला ने छायावाद युग में ही अपने समय की काव्य-भाषा को इतना आगे बढ़ा दिया था कि उसके अनेकानेक अपरिचित स्वरूपों के नवोन्मेषों से अचकचाकर कुछ लोगों ने उनकी बौद्धिक संघटना को ही विकृत घोषित कर दिया। मुक्तिबोध ने फैंटेसी, बिम्ब, कल्पना और आत्मसंघर्ष के सूक्ष्मतम कथ्यों को उपयुक्त बनाकर आधुनिक हिन्दी-कविता की भाषा की संवेदना के जर्रे-जर्रे खोलकर रख देने की क्षमता दी है। धूमिल ने सन् साठ के बाद हिन्दी-कविता को जो 'डिक्शन' दिया उसे तोड़ पाना आज तक असम्भव है। यही वजह है कि आज अरुण कमल, राजेश जोशी, उदय प्रकाश, स्वप्निल श्रीवास्तव आदि दर्जनों कवियों की कविताएँ पढ़ते समय ऐसा प्रतीत होता है कि इनमें कहीं न कहीं धूमिल का कवि जिन्दा है।

धूमिल ने हिन्दी कविता को एक नयी भाषा दी है। इसी कवि ने सबसे पहली बार यह अनुभव किया कि कवि का पहला काम कविता को भाषाहीन करना है। कविता को भाषाहीन करने से धूमिल का क्या अभिप्राय है? इसको स्पष्ट करने के लिए और कवि की काव्याभाषा सम्बन्धी धारणा को जानने के लिए हमें धूमिल के लेख 'कविता पर एक वक्तव्य' के बीच से गुजरना पड़ेगा—'सही बात कहने में बड़ी कठिनाई है भाषा की। कम-से-कम सही शब्दों की तलाश, जिससे चीज को उसके पूरे आकार और व्यक्ति सम्बन्धों के साथ फ्रेम किया जा सके। अब तक कविता के लिए विशिष्ट काव्य-भाषा प्रचलित रही है, जिसके चलते हिन्दी अत्यधिक समृद्ध भी हुई है। इस कथित काव्य-भाषा ने अनेक महान पद्यकार पैदा किए हैं। 'कवि' शब्द का प्रयोग उनकी महानता से अभिभूत मैं संकोचवश नहीं कर रहा हूँ। विद्यालयों ने काव्य-ग्रन्थों और शब्द-कोशों को एक ही स्तर पर समाहित किया है। परिमाणस्वरूप वस्तु और व्यक्ति कविता की भाषा एक दीवार बन गयी है। अर्थात् भाषा और काव्य-भाषा का अन्तर स्पष्ट किए बिना सच्चाई तक जाना कदापि सम्भव नहीं। क्योंकि काव्यभाषा ने आधुनिक रुचि-बोध को एक गलत दिशा दी है। कविता पढ़ने के पहले ही हमारे मन में यह बात बैठ जाती है कि कविता पढ़नी है और इस प्रकार हम अनजाने ही 'काव्य-भाषा' के आतंक के शिकार हो जाते हैं। निश्चय ही 'काव्यभाषा' कुछ को छोड़कर आधुनिक कवियों की व्यवस्था बन गयी है। क्योंकि यह उनकी जीविका के उद्गम स्थान से सम्बद्ध है। इस सन्दर्भ में पहला काम कविता को 'भाषाहीन' करना क्या है। साथ ही अनावश्यक बिम्बों और प्रतीकों से भी उसे मुक्त करना है। कभी-कभी या अधिकांशतः प्रतीकों और बिम्बों के कारण कविता की स्थिति उस औरत जैसी हास्यास्पद हो जाती है जिसके आगे एक बच्चा हो, गोद में एक बच्चा हो और एक बच्चा पेट में हो। प्रतीक, बिम्ब जहाँ सूक्ष्म सांकेतिकता और सहज सम्प्रेषणीयता में सहायक होते हैं वहीं अपनी अधिकता से कविता को ग्राफिक बना देते हैं। आज महत्त्व शिल्प का नहीं, कथ्य का है। सवाल यह नहीं कि आपने किस तरह कहा है, सवाल यह है कि आपने क्या कहा है? इसके लिए आदमी की जरूरतों के बीच की भाषा का चुनाव करना और राजनीतिक हलचलों के प्रति सजग दृष्टिकोण कायम रखना अत्यन्त आवश्यक है।'

कवि के इस वक्तव्य से जहाँ काव्य-भाषा सम्बन्धी दृष्टिकोण उभरकर सामने आता है वहाँ यह बात भी स्पष्ट होती है कि धूमिल पच्चीकारी और अनावश्यक बिम्बों तथा प्रतीकों से कविता को मुक्त करना चाहते थे। स्पष्ट है ऐसी भाषा कविता और व्यक्ति के बीच दीवार बनकर खड़ी होती है। धूमिल कविता को भाषाहीन करके इसी 'दीवार' को तोड़ते हुए नजर आते हैं।

शब्द-प्रयोग

जिन दिनों नयी कवितावादियों ने अपनी दब्बू, विनीत और मध्यवर्गीय कुण्ठाओं वाली कविता की वकालत में कहना शुरू किया था कि शब्दों के अर्थ खो गये हैं—वे गलत जगह रख दिए गये हैं—सन्दर्भच्युत हो गये हैं, धूमिल ने अपनी कविता में शब्दों को सही जगह पर सँजोया और लोगों ने देखा कि सही सन्दर्भ पाकर वे शब्द 'डाइनामाइट' की तरह हुए जा रहे हैं। उनमें विस्फोटक क्षमता आ गयी है। धूमिल ने एक स्थान पर लिखा है—'छायावाद के कवि शब्दों को तोलकर रखते थे,/प्रयोगवाद के कवि शब्दों को टटोलकर रखते थे,/नई कविता के कवि शब्दों को गोल कर रखते थे,/सन् साठ के बाद के कवि शब्दों को खोलकर रखते हैं।'

धूमिल ने अपनी कविताओं के लिए कठोर और नुकीले शब्द चुने, उन पर धार दी, उन्हें पैना किया और वाक्यों में बाँधकर फेंकता रहा—अपनी तरफ से पूरी ताकत लगाकर उस आदमी को मारता रहा 'जो आदमी के भेस में/शातिर दरिन्दा है। जो हाथों और पैरों से पंगु हो चुका है/मगर नाखून में जिन्दा है। जिसने विरोध का अक्षर-अक्षर अपने पक्ष में तोड़ लिया है।'

धूमिल की कविताओं में सर्वत्र आक्रोश, विद्रोह, युयुत्सा, टूटन, अनास्था, विसंगति, विरोध और लड़ाई का ही स्वर मुखर है। यही वजह है कि धूमिल की कविताओं में कचहरी की सबसे महत्त्वपूर्ण भूमिका है। वही कचहरी जिसमें देश का हर दूसरा आदमी पिस रहा है। इसी कचहरी ने धूमिल के कवि को इतने और ऐसे शब्द तथा मुहावरे दिए जिनसे हिन्दी-कविता पूरी तरह अनजान रही है। इन शब्दों की एक लम्बी सूची देखी जा सकती है—'अपराधी', 'हलफनामा', 'बेकसूर', 'गवाह', 'कारागार', 'कठघरा', 'मुजरिम', 'अदालत', 'साजिश', 'हत्यारा', 'दलाल', 'मसौदे', 'हथकड़ी', 'बहस', 'जिरह', 'न्यायाधीश', 'पेशेवर', 'तस्कर', 'चेतावनी', 'हत्या', 'दुर्घटना', 'लेखपाल', 'फर्जअदायगी', 'अंगुलियों के निशान की शिनाख्त', 'मौत दर्ज कर दी गई', 'गोली के छर्रों', 'रक्तपात', 'संविधान की धाराएँ', 'वारंट', 'नालिश', 'भुगतान', 'मक्कारी', 'सख्त', 'कार्यवाही', 'गारंटी', 'हुलिया', 'रोजनामचा', 'जरायमपेशा', 'बदचलन', 'जंजीर', 'गफलत', 'नीलाम', 'हलाल', 'हमलावर', 'हक', 'मुखबिर', 'तिकड़मी', 'मुहर', 'अर्जियाँ', 'अभियोग', 'गलाकाटना', 'वसीयत', 'शराफत', 'जेल', 'मुंशी', 'गण्डास', 'विरासत', 'जुर्म', 'खुफिया', 'कोतवाल', 'जासूस' 'भाषा के हलके में', 'मुनासिब कार्रवाई' आदि। धूमिल की कविताओं में आने वाली इस कचहरी की शब्दावली के सम्बन्ध में डॉ. काशीनाथ सिंह का यह कहना सही है कि ये शब्द अपने अर्थों को इतनी दूर-दूर फैलाते हैं कि बनारस की कचहरी समूचा हिन्दुस्तान दिखाई देने लगता है। कचहरी की दुनिया के शब्द धूमिल ने मात्र चमत्कार पैदा करने के लिए कविता में प्रयुक्त नहीं किए अपितु यही उस कवि की वास्तविक धरती

है। धूमिल की यही धरती समकालीन कविता में अपनी एक अलग पहचान कायम करती है।

धूमिल के शाब्दिक वैशिष्ट्य में इतनी शक्ति है कि वह पाठक को अपनी मनःस्थिति में बाँध लेता है। धूमिल अपनी काव्यवस्तु का चयन करने में उस वस्तु के समस्त परिवेश को पूर्णतया पचाने पुनःरचित करने में पूरी तल्लीनता बरतते हैं और इसी कारण उनकी कविता विषयवस्तु, कवि और पाठक तीनों को परिवेश से जोड़ सकती है। 'मोचीराम' कविता में कवि मोची की मानसिकता, अपनी मानसिकता और पाठक की मानसिकता तीनों को एक साथ मोचीराम के परिवेश में ला खड़ा करने के लिए विशिष्ट शब्दों का चयन करता है–'राँपी', 'पतियाये', 'एक जोड़ी जूता', 'मरम्मत', 'टाँके', 'नवैयत', 'चक्तियों', 'नाधकर', 'बनिया', 'बिसाती', 'इशे बाँद्धों', 'उसे काट्टो', 'हियाँ ठोक्को', 'वहाँ पीट्टो', 'घिश्शा दो', 'अइशा चमकाओ', 'जुत्ते का ऐना बनाओ', 'ओफ्फ', 'बिसूरता', 'खटवाता', 'नटजाता', 'चोरकील', 'रोजी कमाने', 'तांत', 'सीझने', 'मूंठ', 'चमड़े', 'मोची', 'जाति' जैसे शब्दों को इस प्रक्रिया में पूरी इयत्ता के साथ जुटा हुआ देखा जा सकता है। इन शब्दों को अलग-अलग गिना देने से यह स्पष्ट नहीं होगा कि धूमिल की काव्य-भाषा में शब्दों का चयन कितना जोरदार हुआ है, किन्तु शब्दों को चुन-चुनकर, फिर उन्हें अन्य शब्दों के साथ जोड़कर जिस भाषा की सृष्टि की गयी है, यदि उसे देखा जाए तो इस शब्द-चयन की सार्थकता और भी आसानी से अनावृत्त होगी। इसके लिए पूरी 'मोचीराम' कविता के उदाहरण के तौर पर रखा जा सकता है। 'मोचीराम' के अतिरिक्त धूमिल की एक अन्य कविता है–'लोहसांय'। इस कविता की शब्दावली के बीच में से गुजरें तो 'टेकू-बनिहार' और 'ठेलू' की गुफ्तगू से धूमिल का लोहार कवि अपने समस्त वैविध्य, व्यापकता, जीवन्तता और फौलादी ताकत के साथ उभरकर सामने आता है। इस सन्दर्भ में 'लोहसांय' कविता का शब्द-चयन उल्लेखनीय है–'ठेलू', 'ठीहे', 'जुगाड़', 'कांटा-कांटे पर फिट', 'न सूत भर इधर', 'न सूत भर उधर', 'कमासुत हथौड़ा', 'छेनी', 'संड़सी', 'पेंच', 'खटार', 'बिलाक', 'औजारों की बांक', 'पैने वक्त', 'ठोंककर', 'पलटू', 'टेमपर', 'धुकनी', 'मरी हुई खाल', 'बुझे हुए कोयले', 'भाथी धधकाता', 'लोहसांय चालू', 'खेतिहर', 'मजूर', 'गाँव गिराभ से', 'सलाम', 'रमम्भी', 'फरमाता', 'फाल', 'गड़सा', 'खुरपी', 'कुदाल', 'बतकही', 'टेकू' 'हंसुये पर ताव जरी ठीक तरे देना', 'छिनार निहाई', 'लोहे को मनमाफिक हनने', 'हथौड़े से दोस्ती', 'आंच लहकाता' आदि शब्द प्रयोगों को देखा जा सकता है। 'मोचीराम' और 'लोहसांय' जैसी कविताओं से प्रस्तुत किए गए उदाहरण इस बात के ठोस सबूत हैं कि कवि शब्दों के चयन को विशेष महत्त्व प्रदान करता है। भले ही वह शब्दों को तराशने अथवा भारी भरकम बनाने की अपेक्षा सहज प्रयोग पर बल देता है, किन्तु कविता में शब्दों अक्षरों के माध्यम में 'कथ्य' का रंग किस प्रकार भरा जाता है इसकी प्रतीति

निम्न पंक्तियों में देखी जा सकती है—'शब्द किस तरह/कविता बनते हैं/इसे देखो/अक्षरों के बीच गिरे हुए/आदमी को पढ़ो/क्या तुमने सुना कि यह/लोहे की आवाज है या/मिट्टी में गिरे हुए खून/का रंग।'

सपाटबयानी

नयी कविता बिम्ब केन्द्रित रही है और अक्सर कवियों में बिम्ब का ऐसा घटाटोप तैयार हुआ कि सातवें दशक तक आते-आते कई कवियों को यह महसूस हुआ कि कविता को बिम्ब से मुक्त कराके ही उसे जीवन्त और प्रासंगिक रखा जा सकता है। उनके सामने बिम्ब प्रधान कविता कुछ शक की चीज बन गयी और सपाटबयानी की तरफ कई कवि झुके और उसे विश्वसनीय माना जाने लगा। सातवें दशक तक आते-आते हिन्दी-कविता में जिस सपाटबयानी ने जन्म लिया उसके सम्बन्ध में डॉ. नामवर सिंह की धारणा है कि कविता में सपाटबयानी का यह आग्रह वस्तुतः गद्य सुलभ जीवन्त वाक्य-विन्यास को पुनः प्रतिष्ठित करने का प्रयास है, जिसके मार्ग में बिम्बवादी रुझान निश्चित रूप से बाधक रहा है। बिम्बों की निरर्थकता तथा सपाटबयानी को कविता की अनिवार्य आवश्यकता मानते हुए वह आगे लिखते हैं कि काव्यभाषा के लिए भी प्रायः बिम्ब योजना हानिकारक सिद्ध हुई है, बिम्बों के कारण कविता बोलचाल की भाषा से अक्सर दूर हटी है। बोलचाल की सहज लय खण्डित हुई है, वाक्य विन्यास की शक्ति को धक्का लगा है, भाषा के अन्तर्गत क्रियाएँ उपेक्षित हुई हैं, विशेषणों का अनावश्यक भार बढ़ा है और काव्य-कथ्य की ताकत कम हुई है। इन कमजोरियों को दूर करने के लिए ही कविता में तथाकथित 'सपाटबयानी' अपनाई जा रही है, जिसमें फिलहाल काफी सम्भावनाएँ दिखाई पड़ती हैं। यहाँ डॉ. नामवर सिंह एक बात की ओर भी संकेत करते हैं कि कविता में बिम्ब ढूँढ़ने वाले अध्यापक जब बिम्ब ढूँढ़ने लगते हैं तो इससे उनकी अपनी जानकारी का तो पता चलता है, किन्तु कविता के बारे में कोई नयी बात नहीं मालूम होती और न इस पद्धति से कविता के किसी नए पक्ष के प्रकाशित होने की सम्भावना ही है। इस वातावरण में यदि तथाकथित 'सपाटबयानी' में रचे-पचे रोजमर्रा की जिन्दगी से लिए गये जाने-माने बिम्ब अनदेखे चले जाएँ और इस प्रकार उनका विशेष कथ्य भी साधारण मानकर उपेक्षित हो जाए तो आश्चर्य नहीं।

यदि उपर्युक्त कथन को कोई ध्यानपूर्वक तथा गहराई से नहीं समझेगा तो वह यह भी कह सकता है कि डॉ. नामवर सिंह काव्य में बिम्ब को अस्वीकार कर सपाटबयानी की वकालत कर रहे हैं। किन्तु गम्भीरतापूर्वक कथन की ओर ध्यान देने से ज्ञात होगा कि डॉ. नामवर सिंह ने जिस 'सपाटबयानी' की चर्चा की है वह वस्तुतः बिम्ब से रहित नहीं है, क्योंकि उन्होंने अपने वक्तव्य में इस बात की आशंका प्रकट की है कि कहीं 'तथाकथित' सपाटबयानी में रचे-पचे रोजमर्रा की जिन्दगी से

लिए गये जाने-माने बिम्ब अनदेखे न चले जाएँ। यहाँ एक और बात भी स्पष्ट होती है कि कोरी सपाटबयानी के द्वारा परिस्थितियों के सीधे साक्षात्कार की बात नहीं की जा सकती। अतः रोजमर्रा की जिन्दगी से लिए गये रचे-पचे बिम्बों से निर्मित सपाटबयानी को कविता की अनिवार्य विशेषता स्वीकारा जा सकता है। डॉ. हुकुमचन्द राजपाल धूमिल की काव्य-भाषा पर सपाटबयानी के सम्बन्ध में अपने विचार-प्रकट करते समय लिखते हैं—'सपाटबयानी' अथवा साठोत्तरी कविता में शब्दों को खोलकर रखने से प्रतीकों और बिम्बों के प्रयोग को लेकर किसी प्रकार की भ्रांति नहीं होनी चाहिए। प्रायः धूमिल को वक्तव्यों के आधार पर सपाटबयानी का कवि स्वीकार किया जाता है और इसके साथ यह भी कहा जाता है कि उसकी कविताओं में प्रतीकों तथा बिम्बों का प्रयोग नहीं हुआ है। हम इस प्रकार के विचारों से सहमत नहीं हैं क्योंकि समकालीन कवियों में धूमिल का स्थान अग्रणी कवियों में इसलिए प्रतिष्ठित है क्योंकि वह भाषा को अपने अनुरूप चलाता है। शब्दों का प्रयोग कई रूपों में करता है—एक शब्द अस्सी बार प्रयुक्त होकर अपना कोशीय अर्थ बनाए रख कर भी काल, प्रसंग, स्थिति एवं अवसर के अनुरूप अपना अर्थ विकसित करता है। इतना स्पष्ट है कि धूमिल के शब्द-प्रयोग में प्रायः प्रतीक समाविष्ट रहता है। जूता, लोहा, जंगल, घास, नींद, रोटी, भूख इत्यादि शब्द अपने कोशगत अर्थ तक ही सीमित नहीं हैं—इससे स्पष्ट है कि उसकी काव्य-भाषा प्रतीकात्मक है। इस प्रकार धूमिल की काव्य भाषा को 'प्रतीकात्मक सपाटबयानी' कहना उचित होगा। सपाटबयानी लगती है पर उसका अर्थ सन्दर्भ अथवा प्रसंग से जानने पर उसके विस्तार एवं व्यापक होने का बोध सहज ही हो जाता है। सपाटबयानी के दर्जनों उदाहरण न प्रस्तुत करके 'रोटी और संसद' शीर्षक कविता को सपाटबयानी की सशक्त कविता कही जा सकती है यहाँ उदाहरण स्वरूप प्रस्तुत की जा रही है—'एक आदमी/रोटी बेलता है/एक आदमी रोटी खाता है/एक तीसरा आदमी भी है/जो न रोटी बेलता है, न रोटी खाता है/वह सिर्फ रोटी से खेलता है/मैं पूछता हूँ/'यह तीसरा आदमी कौन है?'/मेरे देश की संसद मौन है।' वैसे 'पटकथा' को सपाटबयानी का सबसे लम्बा उदाहरण कहा जा सकता है जिसके सम्बन्ध में कुछ आलोचकों ने यहाँ तक आरोप लगाया है कि सपाटबयानी के कारण ही यह कविता शिथिलता का बोध कराती है, 'पटकथा' लम्बी होने के कारण इस अभाव की अनेक बार सूचना देती है। जिन आलोचकों को 'पटकथा' की भाषा 'गद्य की भाषा' या 'वक्तव्य' नजर आते हुए पूरी कविता से शिथिलता का बोध होता है, उनको इस कविता की निम्न पंक्तियों को नजरअंदाज नहीं करना चाहिए—'मैंने कहा—आजादी/और दौड़ता हुआ खेतों की ओर/गया/वहाँ कतार के कतार/अनाज के अंखुए फूट रहे थे/मैंने कहा—जैसे कसरत करते हुए/बच्चे। तारों पर/ चिड़ियाँ चहचहा रही थीं/मैंने कहा—कांसे की बजती हुई घंटियाँ/खेत की मेंड़ पार करते हुए/मैंने एक बैल की पीठ थपथपाई।'

सपाटबयानी के कारण ही धूमिल द्वारा आजादी के उल्लास का यह वर्णन अपनी अलग अहमियत रखता है। यही नहीं ऊपर से देखने पर जो गद्य की भाषा प्रतीत होती है उस सपाटबयानी के भीतर क्या कुछ छुपा हुआ है उसका एक अन्य उदाहरण 'पटकथा' से ही देखा जा सकता है—'मैंने देखा हर तरफ/रंग बिरंगे झण्डे फहरा रहे हैं/गिरगिट की तरह रंग बदलते हुए/गुट से गुट टकरा रहे हैं/वे एक दूसरे को दुर-दुर, बिल-बिल कर रहे हैं। हर तरफ तरह-तरह के जन्तु हैं/ श्रीमान किन्तु हैं/मिस्टर परन्तु हैं/कुछ रोगी हैं/कुछ भोगी हैं/कुछ हिजड़े हैं/कुछ जोगी हैं/तिजोरियों के/प्रशिक्षित दलाल हैं/आँखों के ऊँचे हैं/घर के कंगाल हैं।' इस सपाटबयानी में एक प्रवाह है, वाक्यों में क्षिप्रता और लघुता है। वे तेजी से उठते हैं और टूट-टूट कर बिखर जाते हैं। इनमें तुक है और आक्रोश का वेग है।

कुल मिलाकर कहा जा सकता है कि धूमिल की कविता की भाषा में जो सपाटबयानी आयी वह पूरी तरह से बिम्बों से रहित है, यह नहीं कहा जा सकता। बल्कि यह कहना उचित होगा कि इस बदली हुई भंगिमा में अच्छी सपाटबयानी बिम्बों को इस तरह से अपने में समाहित करती है कि बिम्बों की उसमें अलग से चमकने वाली सत्ता नहीं होती।

व्यंग्य

धूमिल का व्यंग्य ऊपर से देखने पर भले ही सहज लगता है किन्तु वह पैना और तीक्ष्ण है। व्यंग्य बोध की दृष्टि से 'मोचीराम' कविता विशेष रूप से उल्लेखनीय है, जहाँ कवि कहता है—'न कोई छोटा है/न कोई बड़ा है/मेरे लिए, हर आदमी एक जोड़ी जूता है/जो मेरे सामने/मरम्मत के लिए खड़ा है।' पूरी कविता व्यंग्याभिव्यक्ति की दृष्टि से एक महत्त्वपूर्ण कविता है जिसे साठोत्तरी हिन्दी-कविता की उपलब्धि के रूप में स्वीकार किया जा सकता है।

धूमिल के व्यंग्य की सबसे बड़ी विशेषता यह कही जा सकती है कि उसमें तीखेपन के साथ-साथ बौखलाहट जरा भी नहीं है। 'पटकथा' जैसी लम्बी कविता में से इस सन्दर्भ में दर्जनों उदाहरण प्रस्तुत किए जा सकते हैं। वकीलों, वैज्ञानिकों, अध्यापकों, नेताओं, दार्शनिकों, लेखकों, कवियों, कलाकारों अर्थात् तथाकथित बुद्धिजीवियों पर निम्न पंक्तियों के द्वारा धूमिल ने व्यंग्य किया है—'नहीं—अपना कोई हमदर्द/यहाँ नहीं है। मैंने एक-एक को/परख लिया है।/ मैंने हरेक को आवाज दी है/हरेक का दरवाजा खटखटाया है/मगर बेकार....। मैंने जिसकी पूँछ/उठाई है उसको मादा पाया है।/ वे सब के सब तिजोरियों के/दुभाषिये हैं/वकील हैं। वैज्ञानिक हैं/अध्यापक हैं। नेता हैं। दार्शनिक हैं/लेखक हैं। कवि हैं। कलाकार हैं/यानि कि—/कानून की भाषा बोलता हुआ/अपराधियों का एक संयुक्त परिवार है।'

धूमिल ने इस देश की संसद, समाजवाद, आजादी, चुनाव, नेता और राजनीति

सभी पर पैना व्यंग्य किया है, जो कविता के पाठक को अपनी उपस्थिति से आमन्त्रित करता है, उद्वेलित करता है और हमारे सामने कुछ महत्त्वपूर्ण प्रश्न रखता है। इस देश के बारे में धूमिल का कहना है—'हिमालय से लेकर हिन्द महासागर तक/फैला हुआ/जली हुई मिट्टी का ढेर है। जहाँ हर तीसरी जुबान का मतलब/नफरत है/साजिश है/अन्धेर है/ यह मेरा देश है।'

राजनेता इस देश की जनता को किस प्रकार के आश्वासनों के द्वारा छलते रहते हैं, इसके सम्बन्ध में व्यंग्य करता हुआ कवि कहता है—'अब कोई बच्चा/भूखा रहकर स्कूल नहीं जाएगा/अब कोई छत बारिश में/ नहीं टपकेगी/अब कोई आदमी कपड़ों की लाचारी में/अपना नंगा चेहरा नहीं पहनेगा/अब कोई दवा के अभाव में/घुट-घुटकर नहीं मरेगा/अब कोई किसी की रोटी नहीं छीनेगा/कोई किसी को नंगा नहीं करेगा/अब यह जमीन अपनी है। आसमान अपना है।'

धूमिल की एक कविता है जिसका शीर्षक है 'एक कविता : कुछ सूचनाएँ', इस कविता में कवि ने समन्वयवादियों को हत्यारा, दार्शनिकों को जेवर खरीदने में व्यस्त बतलाकर, हिजड़ों से लिंगबोध पर भाषण कराकर, वेश्याओं द्वारा आत्मशोध पर कविताएँ पढ़वाकर तथा प्रेम में असफल छात्राओं के अध्यापिकाएँ बनने सरीखी स्थितियों में व्यंग्य-प्रहार किया है। धूमिल की व्यंग्य-दृष्टि केवल यहीं तक सीमित नहीं रही अपितु उसने सैकड़ों विषय अपने व्यंग्य के लक्ष्य के रूप में चुने। इसमें देहाती समाज, कस्बा और शहरी समाज सभी शामिल हैं।

वास्तव में डॉ. राजपाल का यह कहना बहुत सही है कि धूमिल का सारा काव्य समस्याओं का काव्यात्मक लेखा है जिसमें आदमी, परिवार, समाज तथा देश की विवशताओं को प्रस्तुत करता हुआ वह आँसू और हाय की स्थिति तक पहुँचता है और व्यंग्य करता हुआ 'आग' की प्रेरणा देता है।

धूमिल ने प्रत्येक उस वस्तु को अपने व्यंग्य का लक्ष्य बनाया जो उसकी दृष्टि में ठीक नहीं। उनकी कविताएँ पढ़कर उनसे प्रकट होने वाले व्यंग्य को समझने पर ज्ञात होता है कि कवि जिस सामाजिक विकृति की बात कर रहा है उस विकृति से हमारा भी कोई सम्बन्ध है। उसको उत्पन्न करने में न सही, उसे बनाये रखने में या फिर उसे बने रहने में सहायता पहुँचाने में ही सही, कहीं-न-कहीं हम शामिल अवश्य हैं। शायद यही वजह है कि धूमिल की कविताएँ अपनी उपस्थिति से पाठकों को आमन्त्रित करती हैं। उद्विग्न करती हैं। उद्वेलित करती हैं। अपने समय के जरूरी सवालों से टकराती हैं और हमारे सामने महत्त्वपूर्ण प्रश्न रखती हैं।

बची हुई पृथ्वी पर नए मोड़ का इन्तजार करता कवि : लीलाधर जगूड़ी

ओ मेरी पृथ्वी
ओ मेरी घूमती हुई पृथ्वी
मैं जूझना चाहता हूँ
मुझे उगाओ।

आज का जैसा युग है, जो व्यवस्था है, जीवन है, इस सन्दर्भ में यदि हम लीलाधर जगूड़ी की कविताओं को देखें तो उनकी कविताओं की सार्थकता स्वयमेव सिद्ध हो जाती है। जगूड़ी अपने चारों ओर की व्यवस्था में मामूली आदमी की नियति को पहचानने वाला कवि है।

'नाटक जारी है', 'इस यात्रा में, ''रात अब भी मौजूद है', 'बची हुई पृथ्वी' तथा 'घबराये हुए शब्द' जैसे काव्य-संग्रहों को देखने से ज्ञात होता है कि लीलाधर जगूड़ी ने 1972 से 1981 तक मुक्तिबोध के समान एक ही लम्बी कविता लिखी है, जो अधूरी है और जो पूरी से बेहतर है। यदि हम 'नाटक जारी है' के फ्लैप के शब्दों को दोहराएँ तो कह सकते हैं कि ये इस बात के साक्षी हैं कि आज की युवा कविता ठोस शक्तियों के मानव विरोधी षड्यन्त्र के विरोध की कविता है।

दरअसल समकालीन कविता का एक बहुत बड़ा अंश नगरवासी कवियों द्वारा लिखा गया है लेकिन सभी कविताएँ उनमें 'नगरबोध' की हैं, ऐसा नहीं कहा जा सकता। समकालीन कविता में ही नहीं अपितु पिछले दो दशकों की कविता में 'महँगू महँगा रहा' तथा 'किसान कवि का पुत्र' जैसी कविताएँ भला कहाँ लिखी गयीं?

समकालीन कवियों में धूमिल और जगूड़ी ने पहली बार अपनी कविता में एक ऐसी जमीन को उजागर किया जहाँ—

झोलों से फाइलों तक सड़क हैं/शहर हैं
कुर्सियों पर मरने के लिए
गाँव हैं/फसलों पर रोते हुए

दो बैल हैं
तरक्की पर आदमी के साथ जोते हुए।

'नाटक जारी है' का कवि आदमी की पहचान का एक फार्मूला मानता है और वह है पशुता के माध्यम से इंसानियत तक पहुँचना। जगूड़ी का कवि आदमी के ऊपरी दिखावे से ऊब चुका है। उसका एप्रोच काफ्का की कहानी 'मेटामोर्फोसिस' तथा हरमन हैंस के उपन्यास 'स्टीपेंन बुल्फ' की भाँति है। पाशविकता से इंसानियत तक पहुँचने का रास्ता जगूड़ी के कवि को अधिक पसन्द है इसीलिए वह पशुता का, नग्नता का और कमर से नीचे की राजनीति का चित्रण रचनाओं में अधिक करता है–

मनुष्य होने के लिए पशुओं के साथ
जीना निहायत जरूरी है।

'नाटक जारी है' की कविताएँ फिजूल वक्त में एय्याशी नहीं बल्कि संघर्षरत व्यक्ति का ऐसा तेज हथियार हैं जिनके माध्यम से वह अपने संसार में अपने से लड़ता है–इन्हें पूरी की पूरी गलीज व्यवस्था के विरुद्ध आक्रमण की एक नयी मुद्रा के रूप में स्वीकारता है। ये कविताएँ समकालीन मनुष्यता के अन्तर्द्वन्द्वों, संघर्षों, दुखों और अनुभवों के नाटक की कविताएँ हैं। अपने समय की गहरी हिस्सेदारी, यानी सम्बन्धों की भिड़न्त में जूझते हुए जीवन और अनुभव को तीखी व विचलित कर देने वाली भाषा से जोड़कर पेट और प्रजातन्त्र के बीच दरार की तरह खड़े आदमी को ही ये कविताएँ प्रस्तुत करती हैं। 'यहाँ अपने समय के यथार्थ की विरूपता को, अमानवीय सामाजिक सम्बन्धों की सीवन की पूरी निर्ममता से उधेड़ा, अपने समकालीन मनुष्य के भय, आतंक, अनिश्चय, दुश्चिंता, कुंठा, निराशा और मूल्यहीनता को पूरी नाटकीयता से चित्रित किया गया है। पतनोन्मुख पूँजीजीवी संस्कृति की अनेक विरूपताओं को भदेस जीवन स्थितियों के बीच रखकर उजागर करने की कोशिश की गई है।'[1] राबन ग्रिले, टयूडोर, आरगेंजी, आयनेस्को आदि के साथ लीलाधर जगूड़ी ने कविता की भाषा को एक नया संस्कार दिया है जो बदलती हुई मानवीय संवेदना की प्रक्रिया में मनुष्य की आन्तरिक जटिलताओं को तटस्थता से नहीं, अपितु उनसे एकमेक होकर उन्हें प्रस्तुत करती है–

खाने को जहर और रहने को शहर
मिलने के बाद भी तुमसे यहाँ
ज्यादा नहीं रहा जाएगा/कोई भी दिन
तुम्हें उजाले से पीटता हुआ
तुम्हारी व्याकुलता को भीड़ में कर देगा
जहाँ कोई सम्बन्ध
कोई कुछ भी/तुम्हें तुम्हारा परिचय

नहीं देगा
फिर वहाँ तुम्हें उस जहर की
तलाश होगी/जो हर किसी को
अन्तिम प्यार के रूप में दिया जा सके।
कविता के इस पूर्वांत में
हिस्से और किस्से लेकर आखिर इस
कोहरे का एक चेहरा बनेगा
और यह रास्ता पूरा-का-पूरा/इस व्यवस्था
में शामिल हो जायेगा।

लीलाधर जगूड़ी के कवि का अपना एक खास मिजाज और तेवर है। बात करने का एक अनूठा अंदाज है। जगूड़ी ने हिंदी कविता को एक ऐसा मुहावरा दिया है जो भाषा को पुरानी काव्य-रूढ़ियों से अलगाता है और अपनी पृथक् पहचान कायम करते हुए पाठकों को अपनी ओर खींचता है। उनका मुहावरा न केवल पुरानी काव्यभाषा से भिन्न है बल्कि 'इस यात्रा में' की कविताओं से गुजरते हुए भी बार-बार यह अहसास होता है कि जगूड़ी ने अपने को उस भाष से अलग किया है जिसे सपाटबयानी या परिस्थितियों से सीधे साक्षात्कार की भाषा की संज्ञा दी गई है और सातवें दशक की कविता के संदर्भ में बहुचर्चित रही है। जगूड़ी ने भाषा की उभरती हुई इस 'नयी नामहीनता' को महसूस किया और इसीलिए कुछ हटकर सोचने की जरूरत महसूस की। औरत, जनतंत्र, संसद, भीड़, जुलूस, नारे वगैरह के प्रयोग से कविता अपना आकर्षक खो रही है। अतः जगूड़ी ने यहाँ अपने लिए यह जरूरी समझा कि कुछ हटकर सोचा जाए। लीलाधर जगूड़ी अपने परिवेश, संबंधों से उलझी इच्छाओं, रुक्ष कठोर प्रवृत्ति और समय के प्रति संवेदनशील हैं। उनका लगाव यहाँ-वहाँ चीजों के प्रति सच्चा है। उनका संघर्ष बेमानी नहीं है। पिता, माँ, भाई आदि के कितने ही चित्र कविताओं में हैं। यह लालसा तटस्थ प्रतिक्रियाओं में बाधक नहीं है। इस दुनिया में विस्तार भी है।

इस पहाड़ से उस पहाड़ तक लय की तरह थमा आसमान, पेड़ों के बाहर-भीतर सरसराती लय, खेतों में रोपा गया आषाढ़, पिछला प्रेम, संदेह, पन्नों से निकलता समय, पिता-सा आमसान, छोटे-छोटे खेतों तक नहर सरीखी दौड़ती माँ, फूल की तरह लिखा हुआ घुटना, शरीर में छिपी गलियाँ और सार्वजनिक उजाड़, फसलों के बीच खड़ा हुआ दिन, प्रतीक्षा—और इस दुनिया की अपनी सीमाएँ भी हैं।

कुल मिलाकर कवि ने आज की क्रूर तथा निर्मम व्यवस्था से निरंतर जूझते हुए एक ऐसे आदमी की तसवीर प्रस्तुत की है जो कठोर-से-कठोरतर तथा विपरीततम परिस्थितियों में अटूट साहस के साथ अविचलित और नंगा खड़ा रहता है—

इलाके के अँधेरे में खाते हुए
युद्ध और इंतजार में नंगा खड़ा है।

जैसा कि पहले कहा जा चुका है, जगूड़ी के काव्य-संसार में कुछ ऐसे विशिष्ट जातिवर्गीय अनुभव हैं जिनकी रूढ़ि उनके यहाँ सबसे पहले ध्यान आकृष्ट करती है—जैसे समकालीन राजनीति या लोकतंत्र, स्त्री या स्त्री-पुरुष संबंध, भाषा और कविता, जंगल, पेड़, पहाड़ और कभी-कभी प्रकृति भी। इनके संपर्क में यदि एक ओर उनका रवैया विपक्षधर्मी प्रतिबद्ध कवि का है तो दूसरी ओर निपट अकवितावादी का। इन दोनों रुचियों के संक्रमित तनाव में अक्सर वह विशिष्ट पहचान दब जाती है जो जगूड़ी की अपनी पहचान है और जिसे एक लंबे संघर्ष या आत्मालोचन के बाद अब 'बची हुई पृथ्वी में सबसे अधिक उभरकर सामने आने का अवसर मिला है। जगूड़ी के मुहावरे में कह सकते हैं कि अक्सर चालू शब्दों की भीड़ उनके 'एक टुकड़ा एकांत' को भगा ले जाती है।

'बची हुई पृथ्वी' की तमाम कविताएँ जहाँ एक ओर पाठकों को शब्दों की चित्रात्मकता से प्रभावित करती हैं, वहाँ दूसरी ओर जीवन की नयी अर्थवत्ता से सम्मोहित भी करती हैं। डॉ. हरदयाल ने इन टटकी कविताओं को 'मा.I शब्द छल' कहकर 'बचकानी कविताएँ' का लेबल लगाया है। 'लीलाधर जगूड़ी की कविता लक्षणाओं, व्यंजनाओं, अमूर्तनों और वाष्पीकरणों से निर्मित होती है। इस कारण वे सामान्य पाठक के लिए न केवल दुरूह बल्कि अबोध्य भी हो जाती है। इसका एक परिणाम यह भी होता है कि मामूली-से-मामूली और बचकानी-से-बचकानी कविताएँ भी कुछ गुरु-गंभीर लगने लगती हैं। ऐसी कविताएँ पाठका की समझ में आते ही अपना प्रभाव खो देती हैं और हमारे सामने एक मौलिक प्रश्न उठाती हैं कि क्या कविता मात्र शब्द छल का नाम है। समीक्ष्य संग्रह में इस प्रकार की कविताओं की कोई कमी नहीं है। ऐसी कविताओं के उदाहरण के रूप में 'अंतर्देशीय' और 'चिड़िया-2' जैसी कविताएँ सामने रखना चाहूँगा जो न केवल मामूली विषयों को लेकर लिखी गयी हैं बल्कि कविता के रूप में भी साधारणता के स्तर से ऊपर नहीं उठ सकी हैं। ऐसी कविताएँ साधारण ही बनी रहती हैं क्योंकि कवि में शाब्दिक खिलवाड़ का मोह है।'

डॉ. हरदयाल संभवतः यह भूल गए हैं कि कविता सदा से एक वर्ग-विशेष की ही धरोहर रही है। उसे समझने और पढ़ने के लिए व्यक्ति को मानसिक रूप से संस्कृत होना पड़ता है, हर कोई उसका आनंद नहीं ले सकता। दूसरों को तो फिर वह शब्द-चमत्कार ही लगेगा। संस्कृत साहित्य में मानसिक रूप से संस्कृत होने को ही व्यक्ति को भावयित्री प्रतिभा से संपन्न होना कहा गया है। इसे तो मैं जगूड़ी के कवि की सबसे बड़ी खसूसियत कहना चाहूँगा कि उसने साधारण-से-साधारण और मामूली-से-मामूली विषयों पर कविताएँ लिखकर एक ऐसी पृथ्वी को उजागर किया है जो हाशिये की पृथ्वी नहीं, हमारे बीच की वह पृथ्वी है जिसकी हमारे रोजमर्रा

के जीने में संगति बैठती है और जिसमें हमारी जीवित-प्रासंगिकता स्पष्ट होती है। जिन दो 'बचकानी कविताओं' (डॉ. हरदयाल की दृष्टि में) का उल्लेख डॉ. हरदयाल ने किया है, मैं उनमें से ही अपने मत की पुष्टि के लिए उदाहरण प्रस्तुत करना चाहूँगा–

इस पत्र के भीतर कुछ न रखिए
न अपने विचार
न अपनी यादें
इस पत्र के भीतर कुछ न रखिए...
न कोई विस्फोटक शब्द
न बच्चा पैदा होने की खबर
न कोई आकस्मिक मृत्यु
न बम
न कोई वाजिब तर्क
नये साल की बधाई
न तलाक का इरादा
इस पत्र के भीतर कुछ न रखिए।

ये वो चिड़िया है
जिसे रात की एक-एक पसली का पता है
जो आकाश को
एक-एक कोर का रंग जानती है
और
जिसकी आँख का हर कोना लाल है...
ये वो चिड़िया है जिसकी एक आँख में
पतझर के आखिरी पत्ते का पतन
और दूसरी आँख में
वसन्त के उतावले प्रसव की सूचना है।

वास्तव में ये कविताएँ शब्द-चमत्कार से मुक्त जिन्दगी के सही सन्दर्भों से जुड़ी हुई हैं। फ्लैप की संपादकीय विज्ञप्ति को दोहराते हुए हम कह सकते हैं कि 'बची हुई पृथ्वी' की कविताएँ स्वतः जीवन का कड़वा यथार्थ भोगती नजर आयी हैं, प्रतीक खुद-ब-खुद बोलने लगते हैं, शब्द मस्तिष्क पर छाते हैं और कथ्य हृदय को सहज ही स्पर्श करने लगता है। पाठक महसूस करेंगे कि ये कविताएँ बहुत कुछ कहने वाले मौन की तरह मुखर हैं, जिनमें मानवीय संवेदनाएँ भी हैं, विवशताओं का त्रिकोण भी और है इस नियति को अस्वीकार करती मनःस्थितियों का आक्रोश।

डॉ. परमानन्द श्रीवास्तव ने इस संग्रह की लम्बी कविता 'बलदेव खटिक' को 'पटकथा' से आगे की चीज माना है। लीलाधर जगूड़ी की लम्बी कविता 'बलदेव खटिक' धूमिल की 'पटकथा' से आगे की चीज है। यहाँ भी सरलीकरण के रास्ते दिखाई देते हैं पर सन्दर्भ पर बल देते रहने से एकांगी इतिवृत्त-स्थल सार्थक काव्यमयता में बाधक नहीं बनता। यहाँ सन्दर्भ के नाम पूरे-पूरे चरित्र हैं जो कविता को एक औपन्यासिक रुख देते हैं। रंगतू, बलदेव खटिक, दीवान; इनसे अलग बच्चे हैं, स्त्रियाँ हैं, लोग हैं, बीमारी है, पागलपन है—ये वास्तविकता के कुछ निश्चित ठोस सीमान्त हैं और सब पर छायी हुई पुलिस है। जगूड़ी कविता के विस्तार को एक औपन्यासिक तनाव से समेटते हैं और जहाँ कविता समाप्त होती है—व्यंग्य और मानवीय करुणा अभिन्न हो उठते हैं।[2]

आप लोग अपनी परवाह करें
अपने बच्चों की जाँच करवायें
यह केवल अफवाह नहीं
(बल्कि जिन्दा होने की नयी शर्त है)
कि देश में कुछ लोग
पेट से ही पागल होकर आ रहे हैं
लेकिन वे जब फायर करेंगे
तो यह तय है कि
इस बार कौए नहीं मरेंगे।

यदि हम 'घबराये हुए शब्द' संग्रह की कविताओं को देखें तो ज्ञात होता है कि इधर जगूड़ी ने बहुत सारी कविताएँ अनुभव के घनीभूत संसार से नहीं, एक आइडियावाद से प्रभावित होकर लिखी हैं। कविता लिखने से पहले ही उसका एक बना-बनाया आइडिया उनके दिमाग में तैयार हो जाता है और फिर इस आइडिया से निकलने वाले छोटे-छोटे चित्रों बिम्बों और उनके बीच के खाँचों को भरने में उनकी सारी प्रतिभा दिखती है। जगूड़ी की इन कविताओं में सारे कलाकौशल के बावजूद अनुभव की वह डायरेक्टनेस और उसका ऊबड़खाबड़पन नहीं मिलता, जो उनकी पहले की कविता में था। कविता पढ़ लेने के बाद कविता की घनीभूत अनुभूति नहीं, उसके पीछे का एक सरल आइडिया और कौशल के साथ उकेरी गयी नाटकीयता हमारे दिमाग में अटकी रह जाती है। जगूड़ी इन कविताओं में एक बहुत जीवित और सागदी भरी दिलचस्पी से नहीं, एक अच्छी कविता लिख लेने की होड़ में शामिल होकर जाते हैं। दुःख और तकलीफ के सारे चमकीले मुहावरे के बावजूद उनकी कविता का समग्र मूड एक खुशहाली का मूड है। दुःख भी उनके यहाँ सजता है। दुःख से बड़ा दुःख का बातूनीपन है। दुःख उनके यहाँ है, तो दुःख का एक मुहावरा भी है। कुछ कवि अपनी अनुभव-भंगिमा और अंदाजे बयाँ में अकारण कुछ बुजुर्ग-से हो जाते हैं, जगूड़ी

ऐसे ही एक अकारण बुजुर्गी भरे मुहावरे के कवि हैं।[3]

जगूड़ी के पास बहुत ही जबर्दस्त इमेजरी है। बिम्बों और उपमाओं की तहों के ऊपर तहें लगाते चले जाने वाला उन जैसा सामर्थ्य फिलहाल अन्य किसी समकालीन कवि के यहाँ दिखाई नहीं पड़ता, पर इन्हीं तत्त्वों ने जगूड़ी की कविता के लिए एक खतरा पैदा कर दिया है। जगूड़ी इन बिम्बों और उपमाओं से इतने अधिक अभिभूत और मोहग्रस्त हैं कि वे कहीं भी पाठक को अपनी आत्मीयता में नहीं बाँधते, उसे लगातार अपने संगतराश व्यक्तित्व से रिझाना और चमत्कृत करना चाहते हैं। लोकतादात्म्य उनके यहाँ साबुन के झाग-सा चमकदार, चिकना और हल्का-फुल्का बनकर रह गया है। इसके मूल में कहीं अपना सहज आत्मविस्तार नहीं, बल्कि कुछ रचे और गढ़े जाने का सुख जगह लेने लगा है।[4]

'घबराये हुए शब्द' कविता-संग्रह के दस वर्षों के बाद अर्थात् सन् 1991 में लीलाधर जगूड़ी की कविता पुस्तक 'भय भी शक्ति देता है' शीर्षक से सामने आयी और उसके उपरान्त 'अनुभव के आकाश में चाँद', 'ईश्वर की अध्यक्षता में' तथा 'महाकाव्य के बिना, जैसी पुस्तकों के माध्यम से सामने आने वाली कविताएँ एक प्रौढ़ संवेदना से विकसित कविताएँ हैं जिनमें भाषा तथा विचार के स्तर पर पूर्ववर्ती कविताओं से एक वैविध्य विद्यमान है। अब तक जगूड़ी के कवि ने यह तय कर लिया था कि अनुभव के बदलाव से ही मुहावरे बदलते हैं, नये अनुभव के लिए जीवन के नये क्षेत्रों में प्रवेश जरूरी है। इसी बात को बढ़ाते हुए वे कहते हैं, शुरू में मुझे इस बात की खुशी होती थी कि कवि ज्यादा हैं तो कविता का विकास होगा। कवियों की तादाद से कवियों का जनतन्त्र मापा गया और कविता की वापसी का अनुमान किया जाने लगा। लगता था कि संवेदना ज्यादा हो गयीं है पर ऐसा नहीं है। आतंकवाद और अनैतिक स्थितियाँ ही संवेदना नष्ट करने का काम नहीं करती बल्कि एक खराब कविता भी संवेदना को नष्ट करने का काम करती है। अन्याय और अत्याचार संवेदना को नष्ट करते हैं, लेकिन कविता मानवीय संवेदना को बचाती है। यही उसकी प्राथमिक शक्ति है।[5]

'भय भी शक्ति देता है' पुस्तक के शीर्षक के सम्बन्ध में परमानन्द श्रीवास्तव टिप्पणी करते हैं कि आज के जटिल भयानक दौर में 'भय' और 'शक्ति' को एक दूसरे के विरोध में रखकर देख पाना अर्थवान नहीं रह गया है। 'शक्ति' के भी रूप, प्रकार और संस्करण अनेक हैं। 'एक डरी हुई आत्मा' कविता की यह पंक्ति साभिप्राय है : 'क्योंकि जो हैं वे भय के कारण ही साहसी हैं।' जगूड़ी ने इस संग्रह को जिन शीर्षकों—'बुरे वक्त की कविता', 'मन्दिर लेन', 'उन दिनों की कथा', 'दूसरे शरीर की खोज', 'अन्तर्राष्ट्रीय बाजार', 'हाथी और पहाड़' में विभाजित किया है वे जगूड़ी की काव्य वस्तु और काव्याभिव्यक्ति की विविधता के सूचक हैं। धर्म, अर्थ और समाजशास्त्रीय चिन्ताओं से जुड़ी इन कविताओं का फलक काफी विस्तृत है। वास्तव

में लीलाधर जगूड़ी उन कवियों में से हैं जिनका लेखन सामाजिक प्रक्रिया का अंग रहा है और जिनके यहाँ राजनीति दहाड़ते हुए नहीं आती अपितु व्यवस्था के कदमों में रूपान्तरित होकर आती है। यहाँ जगूड़ी का कवि धर्म की व्याख्या करते हुए समझाता है–

धर्म माने स्वभाव
तो इसे बिगड़ने नहीं देना चाहिए
धर्म माने आचरण
तो इसे सुधारते रहना चाहिए
धर्म माने अच्छाई तो इसे बुराई से बचाना चाहिए
धर्म माने निजी विश्वास तो इसे अपने में ही रखना चाहिए।

इधर की कविता ने अपनी अन्तर्वस्तु में जो व्यापकता पायी है उसकी बानगी जगूड़ी की कविताओं में लक्षित की जा सकती है। 'भय भी शक्ति देता है' संग्रह की कविताएँ यह अहम जिज्ञासा व्यक्त करती हैं कि नये लोकगीत क्यों जन्म नहीं ले रहे है? अपने पड़ोसी से अनभिज्ञ रहकर अकेलेपन की कौन-सी सामाजिकता पनप रही है। समाज में नैतिकता का गिरता ग्राफ तथा बढ़ते उपभोक्तावाद की चिन्ताएँ हैं। मनुष्य की पूरक प्रकृति है तथा उसके विध्वंस युद्ध हैं जिसके मूल में आर्थिक सम्प्रभुता की इच्छाएँ हैं।[6] लीलाधर जगूड़ी 'युद्ध के लिए मौसम' कविता में लिखते हैं–

खनिजों ने कहा इच्छाएँ युद्ध हैं
आवश्यकताएँ युद्ध हैं
बाजार युद्ध हैं हम नहीं
जरूरत से ज्यादा युद्ध उपजाती है
युद्ध कराता है बहुराष्ट्रीय धन्धे की पहचान।

अर्थजगत के तनाव जगूड़ी को विशेष रूप से आन्दोलित करते हैं अपने समय के अर्थतन्त्र को प्रतिबिम्बित करतीं ये कविताएँ खुले बाजार की नीति के अन्तर्गत विश्व बाजार के दबाव को महसूसती हैं। इनमें सम्प्रभुराष्ट्र अमेरिका की दादागिरी उपस्थित है–

पैदा तुम चाहे कहीं भी होओ
बिकना तो तुम्हें अमेरिका में ही है।

इसी संग्रह की एक कविता 'मोड़' है जिसकी अन्तिम पंक्तियों में कवि लिखता है–

मुझे सुन्दर लगते हैं मोड़ चाहे सड़क पर हों
चाहे वृक्ष में चाहे जिन्दगी में
इन्हीं में से होते हैं कुछ अच्छे कुछ खराब कुछ विचित्र मोड़
जिनकी बिना कुछ दूर तक भली लगती है सपाट सड़क
फिर आना चाहिए कोई नया मोड़
बस आता ही होगा कोई नया मोड़।

लीलाधर जगूड़ी के जीवन में आये विभिन्न मोड़ों की तरह उनकी कविता ने भी अपने समय के मोड़ों को देखा है। ये कविताएँ उनके आन्तरिक ताप और बेचैनी का ही प्रतिफल हैं। ऐसे समय में जबकि हमारा सांस्कृतिक समय एक कठिन मोड़ से गुजर रहा है जगूड़ी की कविता इस घटाटोप में आशा की किरण जगाती है।[7]

समकालीन कवियों में लीलाधर जगूड़ी पहला और अकेला ऐसा कवि है जिसने सबसे अधिक कविताएँ समकालीन हिन्दी कविता को दी हैं। अब तक प्रकाशित दस कविता संग्रहों के माध्यम से उनकी पाँच सौ से अधिक कविताएँ सामने आ चुकी हैं। उनका ग्यारहवाँ कविता संग्रह हाल ही में आने वाला है जो गुजरी हुई सदी का मुकम्मल दस्तावेज है। 'शंखमुखी शिखरों पर' से लेकर 'महाकाव्य के बिना' तक कुछ ऐसी कविताएँ जो हमारी स्मृतियों में स्थायी रूप से दर्ज हो चुकी हैं उनमें 'अन्तर्देशीय', 'न ययौ न तस्थौ', 'पेड़' 'बलदेव खटिक', 'चिड़िया का प्रसव', 'पेड़ की आजादी', 'रोज एक कम', 'सपने में पाठ्य पुस्तक', 'लोकगीत', 'हाथी और पहाड़', 'काखड़', 'पहाड़ पर रास्ते', 'मुस भेखड़ा', 'सिल्ला और चिल्ला गाँव', 'बैल का स्वप्न भंग' जैसी रचनाएँ अपने काव्यात्मक ही नहीं सामाजिक मूल्य के लिए भी पहचानी जाती हैं। सन् 1977 में प्रकाशित उनके महत्त्वपूर्ण संग्रह 'बची हुई पृथ्वी' में 1975-76 के आन्तरिक आपातकाल की बहुत सी छायाएँ हैं जिनमें से 'अन्तर्देशीय', 'बलदेव खटिक', 'तथाकथित महान् लोग', 'आत्मकारा', 'बच्चे–3' और 'बची हुई पृथ्वी' जैसी उसी दौर की देन लगती हैं और हम कह सकते हैं कि रघुवीर सहाय के बाद जगूड़ी में आपातकाल का विद्रूप और मानव द्रोह शिद्दत के साथ व्यक्त हुए हैं।[8]

लीलाधर जगूड़ी की स्वीकारोक्ति है कि मूलतः कविता न द्वन्द्व का नाम है न अलंकार का। कविता केवल मानवीय संवेदना का नाम है जो अपने साथ-साथ अपने से अन्य को भी अनन्य बना देती है। इसलिए यदि कहा जाए कि कविता मनुष्य का और मात्र मनुष्य का खोजा हुआ पहला विज्ञान है तो कदाचित अतिशयोक्ति न होगी। कविता को अभिव्यक्ति का आदि विज्ञान न भी कहें तो इस बात से इनकार नहीं किया जा सकता कि कविता आत्मिक आविष्कार में मानवीय स्मृति को कई प्रयोगात्मक, ऐतिहासिक परिणामों से समृद्ध किया है। सोच और स्मृति को सँजोने का पहला कम्प्यूटर कविता के रूप में ही बना था। इसी सन्दर्भ में यह भी कहना चाहता हूँ कि कवित्व स्मृति का पुनर्जन्म है। इसी अनवरत स्मृति की आकांक्षा में कविता को तरह-तरह के प्रयोगों के साथ आज के समय तक पहुँचाया है।[9] इस सन्दर्भ में 'अनुभव के आकाश में चाँद' संग्रह के निम्न कवितांश को देखें तो ज्ञात होता है कि कवि अपनी अशिक्षित स्मृतियों को सामयिक बोध के साथ जोड़कर पुनर्जीवित कर रहा है—

मैं खुद को
हमेशा ही बस्ता लादे हुए देखता हूँ

मैं खुद को हमेशा ही
दौड़ते हुए देखता हूँ
और देखता हूँ कि धरती
एक बस्ते की तरह मेरी पीठ पर लदी हुई है।

वास्तव में तेजी से बदलते हुए समय की नब्ज पकड़ना कोई आसान काम नहीं है। उससे भी कठिन है उसे अभिव्यक्त करने के लिए एक बदली हुई भाषा और रचना का एक नया विधान पाना। जो ऐसा कर पाने में समर्थ होते हैं उनकी कविता सोच और स्मृति को सँजोने का अनिवार्य माध्यम बन जाती है।

कविता की कई दशकों की यात्रा के बाद जब लीलाधर जगूड़ी अनुभव को आकाश, पहाड़ और चाँद से जोड़ते हुए कहते हैं कि 'चाँद हमारे बिना रह सकता है हम चाँद के बिना नहीं' और अनुभव के पाताल के लिए भी—

अनुभव के आकाश में
पहले एक चाँद जरूरी है।

इन पंक्तियों के पीछे छुपे अर्थ को समझने के लिए हमें कविता-पुस्तक पर प्रकाशित फ्लैप की उस टिप्पणी को देखना होगा जिसमें कहा गया है कि इन कविताओं में अनुभव का आकाश एक साथ ऊँचा और गहरा, विस्तृत और सघन हुआ है। सम्भवतः यह अपनी भाषा की जड़ों की तलाश है जो कि जीवन में एक तरह की तात्विकता या दार्शनिकता की जरूरत से पैदा होती है।[10] इसी पुस्तक की एक कविता में लीलाधर जगूड़ी लिखते हैं—

भक्क फूली हुई रोटी किनारे से फूट कर भाड़
को फूँक मारेगी
भुभराती आग जैसे किसी को पुकारेगी आत्मा
खाते हुए हम जिसको याद करेंगे
उसको हिचकियाँ आएँगी।

एक फूली हुई रोटी का किनारे से फूट कर आग को हवा देना और आत्मा का किसी को पुकारना, मनुष्य के जीवन के अनेक आयाम इस कविता में समाए हुए हैं—न जाने कितना इतिहास, कितनी भौगोलिक ऋतुएँ और समाज के विश्वास-अन्धविश्वास। जगूड़ी की कविताओं में यह सांस्कृतिक-आध्यात्मिक तत्त्व कविता की शक्ति है और किन्हीं वैचारिक दबावों के सामने इस तत्व की बलि न देना उनकी कविता को मुक्तिबोध की तरह एक खास पहचान देता है। जगूड़ी की कविताओं में एक और तत्त्व जो कभी विस्मृत नहीं होता, खुद समय है। समय की प्रतीति यहाँ हर जगह बनी रहती है और यह समय जगूड़ी की कविताओं में एक अनादि, अविच्छिन्न, अनवरत प्रवाह है। समय की यह गति जगूड़ी की कविताओं को एक अजब विश्वसनीयता देती है।[11] समय के बारे में जगूड़ी का कवि एक कविता में कहता है—

समय से भरा हुआ समय आता है
जाता हूँ अपनी कविताओं में
पाता हूँ कभी कवि के बहुत सारे में से जो बहुत कुछ अब नहीं है
उसमें से निकल आता है अभी-अभी सा कुछ
जिसे लेकर मैं फिर से बढ़ने लगता हूँ।

सन्दर्भ संकेत

1. सं. नरेन्द्र मोहन, लम्बी कविताओं का रचना-विधान, पृ. 187
2. परमानन्द श्रीवास्तव, '60 के बाद लम्बी कविताओं की भूमिका और संरचना', सं. वचनदेव कुमार, हिन्दी कविता : 60 के बाद, पृ. 17
3. विजय कुमार, साठोत्तरी हिन्दी कविता : परिवर्तित दिशाएँ, पृ. 236
4. वही, पृ. 235
5. लीलाधर जगूड़ी से कृष्ण कुमार मिश्र की बातचीत, साक्षात्कार, जुलाई 93, पृ. 7
6. हरीशचन्द्र पाण्डेय, 'तीन समीक्षात्मक टिप्पणियाँ', कथ्य रूप, अप्रैल जून 94, पृ. 74
7. वही, पृ. 74
8. मंगलेश डबराल, 'लीलाधर जगूड़ी की कविता', कथादेश, अक्टूबर 2001, पृ. 37
9. लीलाधर जगूड़ी से मोहन थपलियाल की बातचीत, पहल, जुलाई-अगस्त 99, पृ. 48-49
10. अलका सरावगी, 'लाखों साल पीछे : हजारों साल आगे', वागर्थ, जुलाई 95, पृ. 107
11. वही, पृ. 109

सूख चुके आँसुओं में सुख तलाशता
कवि : कुमार विकल

सूर्यकान्त त्रिपाठी निराला और गजानन माधव मुक्तिबोध की कविता-परम्परा समकालीन हिन्दी-कविता में जहाँ एक ओर नागार्जुन, सर्वेश्वरदयाल सक्सेना, कुमार विकल, रघुवीर सहाय, चन्द्रकान्त देवताले, विनोद कुमार शुक्ल, ऋतुराज, राजेश जोशी और अरुण कमल आदि कवियों के माध्यम से आगे बढ़ती है वहाँ दूसरी ओर त्रिलोचन, सुदामा पाण्डे धूमिल, जगूड़ी, केदारनाथ सिंह, विश्वनाथ प्रसाद तिवारी, मान बहादुर सिंह, उदय प्रकाश और बोधिसत्व आदि कवियों के द्वारा निःसृत होती है। इन दोनों पंक्तियों (यहाँ धाराओं शब्द का प्रयोग उचित प्रतीत नहीं होता) में खड़े कवियों की काव्य संवेदना तथा मूल चिन्ताओं में कोई खास अन्तर नहीं है दोनों में अन्तर केवल यही है कि कुमार विकल, सर्वेश्वर, रघुवीर सहाय आदि शहरी जीवन से अपनी कविता की खुराक अर्जित करते हैं वहाँ दूसरी ओर धूमिल, जगूड़ी, केदारनाथ सिंह आदि कवि गाँव की जिन्दगी से कविता के बीज ढूँढ़ कर एक मुकम्मल भारतीय कविता का निर्माण करते हैं। ये तमाम कवि विचार और कर्म के द्वन्द्व के कवि हैं—जीवन-संघर्ष और जिजीविषा के कवि।

समकालीन हिन्दी-कविता में अन्य कवियों को छोड़कर यदि हम धूमिल और कुमार विकल की कविताओं को एक साथ रख कर थोड़ा गहराई से विचार करें तो इनमें विचार और कर्म का द्वन्द्व, जीवन-संघर्ष और जिजीविषा तो उनमें है ही किन्तु इनके अतिरिक्त एक खास स्वर जो इन दोनों कवियों की कविताओं में मौजूद है वह है--संघर्ष और साहस। धूमिल और कुमार विकल की कविताएँ हमें निर्मम व्यवस्था, सामाजिक-राजनीतिक विसंगतियों के विरुद्ध न केवल संघर्ष करने के लिए तैयार करती हैं अपितु जीवन्त ऊर्जा के साथ लोक-वेदना को प्रस्तुत करती हुई एक लड़ते हुए मनुष्य में उम्मीद और उत्साह भरती हैं।

कुमार विकल के कवि ने बहुत जल्दी 'अकविता' की अजीबोगरीब दुनिया

को छोड़कर पाठकों से सीधा संवाद करने वाली कविता के सरोकार सुनिश्चित कर लिए थे। यही कारण है कि 'म्याऊँ मछली'[1] कविता की संवेदना को त्याग कर कुमार विकल लोक मानस के धरातल पर अपनी कविताओं की बुनियाद खड़ी करता हुआ कहता है–

> मैंने चाहा था कि मेरी कविताएँ
> लोकगीतों की पंक्तियों में खो जाएँ
> जिन्हें नदियों में मछियार
> खेतों में किसान
> मिलों में मजदूर झूमते गायें
> किन्तु मेरी कविताओं की अजीब ही धुन हैं
> खुले विस्तार से बन्द कमरों की ओर लौट जाती हैं
> उजली धूप में रहकर अँधेरे के बिम्ब बनाती हैं।

अजीब सी धुन के इस कवि ने शायद पहली बार महसूसं किया था कि–

> शब्द केवल शब्द नहीं होते
> उनके पीछे होते हैं
> बहुत से लोग।

ऐसे समय में जब नयी कविता का प्रवर्तक यह कह रहा हो कि कविता केवल शब्द है और सबसे अन्त में भी यही बात बच जाती है कि कविता केवल शब्द है और टी. एस. एलियट कह रहा हो कि शब्द फिसलते हैं, खिसकते हैं, चरमराते हैं, छिटकते और खत्म होते रहते हैं। क्योंकि पिछले साल के शब्दों का सम्बन्ध पिछले साल की भाषा से है और नये शब्दों को नयी आवाज की प्रतीक्षा है; ऐसे खतरनाक समय में एक जागरूक कवि का शब्दों की हिफाजत करना पहला दायित्व है। उसी रचनात्मक दायित्व का निर्वाह करता हुआ क्रान्ति बीज बोने के लिए तमाम रंगों की पहचान करता हुआ कुमार विकल का कवि यह स्वीकार करता हुआ सामने आता है–

> मुझे शब्दों की हिफाजत
> अपने तरीके से करनी है
> और पहली लड़ाई
> उस आदमी के खिलाफ लड़नी है
> जो शब्दों की अर्थवत्ता को तोड़ता है
> और दूसरी उसके विरुद्ध
> जो शब्दों की अर्थवत्ता छोड़ता है।

कुमार विकल की कविताओं की वास्तविक पहचान करते हुए राकेश कुमार एक स्थान पर लिखते हैं कि कुमार विकल का रचनात्मक संघर्ष सक्रिय संघर्ष का आकांक्षी है। वह निम्न वर्ग और निम्न मध्यवर्ग के प्रति समर्पित होकर संघर्षरत है तो दूसरी ओर

व्यवस्था के अन्तर्विरोधों के प्रति भी युद्धरत है। वह उन साहित्यकारों के विरुद्ध भी संघर्षरत है जो रेत के 'महापुल' बनाते हैं। शब्दों की अर्थवत्ता (सामाजिक प्रतिबद्धता) को तोड़ते हैं और साहित्य को मात्र कल्पनालोक की निष्क्रिय वस्तु मानते हैं, दूसरी लड़ाई उन समीक्षकों के प्रति भी है जो साहित्य का मूल्यांकन पूर्वग्रही-दुराग्रही दृष्टि से करते हैं और सार्थकता पर निरर्थकता के आरोप लगाते हैं।[2]

मेरी दृष्टि में कुमार विकल की कविताएँ आत्म-संघर्ष की कविताएँ हैं, ऐसे मनुष्य की कविताएँ जो घर तथा परिवार की छोटी-छोटी बुनियादी जरूरतों के लिए उस व्यवस्था के विरुद्ध एक छोटी सी लड़ाई लड़ता रहा जिसने उन छोटी-छोटी जरूरतों के बीज अपनी दराजों में कैद कर रखे हैं। कुमार विकल की कविताएँ संघर्षरत, युद्धरत, बेचैन मनुष्य की कविताएँ हैं जो सुबह-शाम की रोटी के जुगाड़ में भी पतंग उड़ाना तथा चम्बा की धूप को याद करना नहीं भूलती। कविता लेखन के आरम्भिक दिनों में जहाँ कवि अकविता जैसे क्षणजीवी आन्दोलन की गिरफ्त में रहा वहाँ धूमिल के समान नक्सलवादी आन्दोलन से भी प्रभावित रहा। नक्सलवाद के उद्गम स्रोत नक्सलबाड़ी गाँव पर कविता लिखते हुए कवि अपनी एक कविता में कहता है—

> छह अक्षरों वाला
> छोटा सा शब्द
> सिर्फ एक गाँव का नाम नहीं
> पूरे देश का नाम है।

गहराई से देखें तो 'नक्सलबाड़ी' शब्द में जहाँ छः अक्षर दिखाई देते हैं वहाँ कुमार विकल का नाम भी छः अक्षरों से ही बनता है। कहने की आवश्कयता नहीं कि आरम्भिक कविताओं में नक्सलवाद और कुमार विकल एक-दूसरे के पर्याय हो गये हैं। उनकी कविताओं की धार में जो पैनापन है वह इसी की परिणति है किन्तु शीघ्र ही इस धार से मुक्त होकर विकल के कवि ने अपने लिए एक 'नया रास्ता' यह कहते हुए चुन लिया—

> मुझे लड़ना नहीं—
> किसी प्रतीक के लिए
> किसी नाम के लिए
> किसी बड़े प्रोग्राम के लिए
> मुझे लड़नी है एक छोटी सी लड़ाई
> छोटे लोगों के लिए
> छोटी बातों के लिए।

कुमार विकल का यह कवितांश मात्र उदाहरण ही नहीं अपितु साठोत्तरी कवि के बीच विकसित नयी सोच, कविता की सार्थकता तथा समझदारी की सूचना है।

कुमार विकल की कविताएँ सामाजिक, राजनीतिक विसंगतियों अथवा अपने

आस-पास के सुख-दुख को व्यक्त करने वाली कविताएँ नहीं हैं, वास्तव में वे छोटे-छोटे सपनों की कविताएँ हैं जिनमें कुमार विकल का पुख्ता पंजाबी कवि रावलपिंडी की लोई ओढ़कर खूबसूरत तथा बेहतर दुनिया के सपने बुनता है। पंजाब का मनुष्य हताशा, निराशा और समर्पण जैसे शब्दों को नहीं जानता। उसका दृढ़ निश्चय और जिजीविषा मानवीय सम्बन्धों की गरमाहट की आँच में तपकर ऊर्जावान होता रहता है। कुमार विकल अपने बाल्यकाल के क्षणों को पुनर्जीवित करता हुआ एक कविता में लिखता है–

बचपन से हमारे पड़ोस में
वीरां नाम की एक लड़की रहती थी
जो मुझसे अक्सर कहती थी
कि मैं दुनिया का सबसे शरारती बच्चा हूँ
और जरूर किसी दिन
चाँद पर रहने वाली बुढ़िया का
चरखा छीन कर ले आऊँगा
और उसके काते सूत से
अपने धनुष की डोरी बनाऊँगा।

यह छोटी-छोटी शरारतें ही हैं जो कुमार विकल को अपने समकालीनों में एक अलग पहचान देती हैं। कुमार विकल की कविताओं से निकलने वाली पंजाब की मिट्टी की खुशबू को रेखांकित करते हुए राजेश जोशी कहते हैं कि कुमार विकल की कविता में पंजाब की गन्ध है। विपाशा, जेहलम, सतलुज और रावी जैसी नदियों का संगीत है। गहरी आत्मीयता है। जीवन के भरे-पूरे चित्र हैं और इसी के बीच गहरी करुणा ओर उल्लास भी...माँ, पिता, बहन, भाई और दोस्त वहाँ नाम भर नहीं हैं वे अपने पूरे अस्तित्व और सम्बन्ध के साथ आते हैं। वहाँ रिश्तों का ताप और टीस भी है आत्मीयता और निजता भी है।[3] मैनेजर पाण्डेय 'निरूपमा दत्त मैं बहुत उदास हूँ' के फ्लैप पर प्रकाशित वक्तव्य में लिखते हैं, कुमार विकल पंजाबी भाषी होते हुए भी हिन्दी के अपने विशिष्ट कवि हैं जैसे मराठी भाषी मुक्तिबोध। उनकी कविता में हिन्दी-कविता की लोकधर्मी परम्परा की प्रतिध्वनियाँ हैं, पर साथ ही संवेदना की बनावट में पंजाब की मिट्टी की सुगन्ध भी है। मुक्तिबोध की तरह कुमार विकल की कविता से हिन्दी-कविता की भाषा को नया रूप, रंग और स्वाद मिला है और बात करने का विशेष ढंग भी। इस संग्रह की कविताओं में पंजाबीपन और हिन्दीपन की सर्जनात्मक एकता वैसी ही आकर्षक है जैसी कृष्णा सोबती की कहानियों और उपन्यासों में।

केदारनाथ सिंह 'जमीन पक रही है' से आगे 'यहाँ से देखो' की ओर जब बढ़ते हैं तो बेशुमार सवालों की गिरफ्त में दिखाई देते हैं। उसी कवि की तरह यही

प्रश्नवाचकता कुमार विकल के अन्तिम कविता-संग्रह 'निरूपमा दत्त मैं बहुत उदास हूँ' में भी दिखाई देती है। गहराई से देखें तो यह प्रश्नाकुलता उनके पूर्ववर्ती संग्रहों में नहीं दिखाई देती जबकि अन्तिम संग्रह में कुमार विकल का कवि बार-बार अपने से प्रश्न करता है और फिर अपनी कविताओं के माध्यम से उनके उत्तर ढूँढ़ता है। इस सन्दर्भ में कुछ उदाहरण उल्लेखनीय हैं–

मछलियाँ चश्मे क्यों नहीं पहन लेतीं
ताकि मछियारों को देख पाएँ
और उनके जालों से भाग जाएँ?

लोकल बस में जिस अंकल के प्लास्टिक डिब्बे में
दो सूखी रोटियाँ और थोड़ा सा अचार था
उसकी पुलिस ने तलाशी क्यों ली,
उसे क्यों पीटा?

माँ, जिन लोगों से तुम नफरत करती हो
क्यों हमें वे अक्सर अपनी साइकिलों पर
स्कूल से घर छोड़ जाते हैं
क्यों हमें आइसक्रीम खिलाते हैं?

कुमार विकल की ये छोटी-छोटी जिज्ञासाएँ ही उसे 'खौफनाक समय' का गम्भीर, सचेत और बड़ा कवि सिद्ध करती हैं।

'एक छोटी-सी लड़ाई' से लेकर 'निरूपमा दत्त मैं बहुत उदास हूँ' तक कुमार विकल ने मुक्तिबोध के समान एक ही कविता लिखी है, जो अधूरी है और जो पूरी से बेहतर है। कुमार विकल सही मायने में दुःख और पीड़ा का कवि है। इन दुःखों से कुमार विकल ताउम्र मुक्ति की तलाश करता रहा, जो पूरी न हो सकी। 'निरूपमा दत्त मैं बहुत उदास हूँ' संग्रह की अन्तिम कविता 'एक पत्र' में निरूपमा दत्त को चण्डीगढ़ बुलाते हुए कवि स्पष्ट शब्दों में घोषित करता है–

तुम चण्डीगढ़ लौट आओ
ताकि हम तीनों
बहुत से हम कलम लोगों से मिलकर
दुःखों को कम करने के लिए लड़ सकें।

कुमार विकल इस बात को बखूबी जानता है कि इस धरती पर वह दुःखों से अकेले नहीं लड़ सकता। लोकतन्त्र में एक मजबूत विपक्ष की भूमिका निभाने वाले अस्त्र–पत्रकारिता को इसमें शामिल करना निहायत जरूरी है। यही वजह है कि कुमार विकल निरूपमा दत्त जैसी जागरूक पत्रकार को चण्डीगढ़ आने के लिए आमंत्रित

करते हैं। उपर्युक्त पंक्तियों में कुमार विकल ने जिन 'हम तीनों' शब्द का प्रयोग किया है उसमें तीसरा चरित्र समाचार-पत्र है और उसी के माध्यम से निरूपमा दत तथा कुमार विकल का कवि इस धरती को बेहतर बनाने के लिए तथा दुःखों को कम करने के लिए लड़ाई लड़ते हुए इस धरती को अपनी पौत्री 'धरा' को सौंपते हुए 'धरा समर्पण' कविता में लिखता है—

मैं यह धरती
उन सभी लोगों को सौंपता हूँ
जो इस धरती से बहुत प्यार करते हैं
और इतना प्यार करते हैं
कि हजार दुःख सहने के बाद
इस धरती से लाख मनुहार करते हैं
क्योंकि यह धरती
लाख दुःखों के बावजूद सुखदा है
इसके पास बहुत बड़ी सम्पदा है।

किसी ने सही कहा है कि टेढ़ी रेखा की अपेक्षा सीधी रेखा खींचना बहुत मुश्किल काम है। कुमार विकल की साधारण जीवन की साधारण विषयों पर साधारण सी भाषा में रची गयी सीधी-सीधी कविताएँ असाधारण कविताएँ कही जा सकती हैं। सामान्य सी दीखने वाली कविताओं में विभिन्न गहन अर्थ-छायायें मौजूद हैं। ये कविताएँ कविता के पाठक को अपनी ओर बार-बार आमन्त्रित करती हैं, उद्वेलित करती हैं, झकझोरती हैं—छोटी-छोटी बातें कहते हुए अनगिनत सवाल खड़े करती हैं। मुझे लगता है कुमार विकल की कविताओं में सहजता और साहस, जीवन के प्रति आस्था और उम्मीद, दुःख और दर्द की छटपटाहट तथा उनसे मुक्ति की तलाश जिस तरह से विद्यमान है उतनी उनके अन्य समानधर्मी कवियों में उस रूप में देखने को नहीं मिलती। यहाँ न तो संरचना का जाटिल्य है और न ही वस्तु की अतिरिक्त पच्चीकारी। जो कुछ है अपने सहज अनगढ़ और वास्तविक रूप में। कुमार विकल की कविताओं में यथार्थ अपने कच्चे रूप अर्थात् 'रॉ' फार्म में उपस्थित है। इसी तथ्य की ओर संकेत करते हुए परमानन्द श्रीवास्तव 'समकालीन कविता का यथार्थ' में लिखते हैं कि कुमार विकल के काव्य-संसार के निकट सबसे पहले हम यह अनुभव कर पाते हैं कि अपने समकालीनों में वह सबसे अधिक रूढ़िमुक्त हैं। अनुभवों का जितना कच्चा माल उनकी कविता की पूँजी बन सका है उतना इधर के कवियों में अरुण कमल को छोड़कर शायद ही किसी कवि में दिखाई दे। अनौपचारिक लहजे में यथार्थ स्थिति को मूर्त करना, उसे अपने अन्तर्विरोधों और अन्तर्बाह्य दबावों के साथ हमारे निकट सम्पर्क में लाना और उसमें अपना पक्ष सुनिश्चित करना कुमार विकल की कविता का खास मकसद है। कविता को गद्य के निकट ले जाने की इस कोशिश

के पीछे अपने समय के यथार्थ की समझ भी है और उसी के अनुरूप एक खास तरह का काव्य-विवेक भी जो ज्ञात यथार्थ को काव्यात्मक बनाने के लिए इतना तराशता या संशोधित नहीं करता कि उसकी मूल उत्तेजना या ताप ही गायब हो जाए। बच्चन सिंह को शायद इसीलिए कुमार विकल की कविताएँ 'अभिधा उत्तम काव्य है' का मॉडेल लगती हैं। यह कुमार विकल के भीतर मौजूद पंजाबी कवि के लिए ही सम्भव था कि वह 'सूख चूके आँसुओं की भाषा में' 'दुःखों की लम्बी कहानी' सुनाते हुए हल्का सा मुस्कुराते हुए जाते-जाते यह कह गया—

एक सुख
हजार दुःखों के सामने बहुत बड़ा है
दुःखों को अन्धेरी कोठरी में
एक छोटा सा सुख टिमटिमाता है
तो ऐसा लगता है।
मेरे सामने दुनिया का सबसे बड़ा सुख खड़ा है।

इस दृष्टि से देखें तो कुमार विकल की कविताएँ असंख्य दुःखों के बीच नन्हे से सुख को तलाशती हुई छोटी-छोटी बातें कहती हुई इस धरती पर सबसे बेहतर मनुष्य की जीवन्त कविताएँ हैं जो आने वाले कल भी हमारे सपनों में 'शुभकामनाओं' की तरह बार-बार आती रहेंगी। संक्षेप में कहें तो—

वह लड़ता रहा लगातार
एक छोटी सी लड़ाई
छोटे लोगों के लिए
छोटी बातों के लिए
बनाता रहा एक खूबसूरत तस्वीर आने वाले कल की
सिलता रहा वह पंजाबी फकीर
रावलपिंडी की फटी हुई लोई
निभाता रहा क्लर्क और कविता का रिश्ता।

सन्दर्भ संकेत

1. अकविता, अंक-5, पृ. 67
2. राकेश कुमार, समकालीन कविता की रचना-प्रक्रिया, पृ. 107
3. राजेश जोशी, "निरर्थ से अर्थ की ओर आती कविता", पहल पुस्तिका, अंक 37, पृ. 47

अमर्ष और संघर्ष की दुनिया का कवि : चन्द्रकान्त देवताले

साठोत्तरी हिन्दी-कविता नें जिन कवियों ने अकविता आन्दोलन की कमजोरियों तथा सीमाओं को समझते हुए उससे बाहर निकलकर अपनी एक पहचान बनायी उनमें से चन्द्रकान्त देवताले एक हैं। इस कवि ने 'निषेध' से अपनी कविता-यात्रा आरम्भ की और हड्डियों में छिपे ज्वर को पहचानते हुए रोशनी के मैदान में लकड़बग्घे की हँसी ढूँढ़ने में निकले कवि ने बहुत जल्दी पहचान लिया कि आजाद हिन्दुतान का प्रत्येक भूखण्ड तप रहा है। यदि हम कवि की आरम्भिक कविता पुस्तकों को एक ओर रखकर सन् 80 के उपरान्त सामने आने वाले कविता-संग्रहों–लकड़बग्घा हँस रहा है, रोशनी के मैदान की तरफ, आग हर चीज में बतायी गयी थी, तथा पत्थर की बेंच को देखें तो ऐसा प्रतीत होता है कि कवि की प्रेरणा का मूल उत्स अभावों में जीने वाला शोषित, पीड़ित, उपेक्षित मनुष्य है जिसे अकविता के स्थान पर कविता के शब्दों पर पूरा भरोसा है–

अवकाश में रहते हैं शब्द शब्दकोश में टँगे नंगे अस्थिपंजर
शायद यही है पवित्रता शब्दों की
अपने अनुभव से हम नष्ट करते हैं कौमार्य शब्दों का
तब वे दहकते हैं और साबित होते हैं प्यार और आक्रमण करने लायक।

चन्द्रकान्त देवताले की कविता की दुनिया अमर्ष और संघर्ष की दुनिया है। कवि का अमर्ष जहाँ वर्तमान व्यवस्था से है, उस लकड़बग्घे से जो–

अभी मैं सिर्फ इतना बताता हूँ
कि वह जो हँस रहा है
उसका हाथ जेब में रखे चाकू पर है
वह जो अदृश्य हो गया है
दूर जंगलों में बन्दूक साफ कर रहा है

और वह जो प्रकट हो रहा है
आत्मीय मुस्कान के साथ
तुम खुद सोच लो
कि वह कौन है?

कवि अकविता के अन्धेरे से निकलकर मुस्कुराते हुए, हँसते हुए बन्दूक साफ करने वाले व्यक्ति को अपनी बाद की कविताओं में गिरफ्तार करता है। अरविन्द त्रिपाठी का यह कथन सही है कि अपने तीन-चार दशकों तक फैली काव्य-यात्रा में देवताले हालाँकि अकविता की कोख से पैदा हुए पर देखा जाए तो वे कविता की एक जायज सन्तति हैं। उनके कवि-कर्म की प्रारम्भिक अराजकताओं को छोड़ दिया जाए तो सन् अस्सी के बाद लगातार उनकी कविता समाजोन्मुख होने के लिए कृतसंकल्प रही है।...उन्होंने अपनी कविता के जलते लावे को जीते-जागते समाज और मनुष्य के तलुवे पर रखने का प्रयत्न किया है। उनकी कविता का रेंज समाज, मनुष्य, राजनीति, लोक जीवन की स्थानीयता तक पूरे विस्तार से फैलता है। कभी-कभी लगता है देवताले मूड्स के कवि हैं। वे एक जमाने में अकवितावादियों के शिविर में भी इसी के मूड के चलते गये पर चूँकि अकविता देवताले की कविता का मूल स्वधर्म नहीं है इसीलिए वे बहुत चौकन्नेपन के साथ बाहर निकल आये। यह दूसरी बात है कि अकवितावादी म्यूकस आज भी उनकी कविता में जब तब जीवित हो उठते हैं।[1]

गत तीस वर्षों में चन्द्रकान्त देवताले का कविता-संसार कस्बाई मानसिकता तथा ग्रामीण रागात्मक बोध से निर्मित कविता-संसार है। जिसमें तापती का तट, सतपुड़ा की चट्टानें, मुक्तिबोध की कविताएँ, अफीम के खेत, गुड़-धानी के लिए चीखते बच्चे, डोमों की चिता, चकमक पत्थर, बबूल काँटे खड़ी झोंपड़ी, भैंसों और गायों के थन, हण्डा भर दूध, बोपेगाँव, चक्की पीसती माँ, कुम्हड़े की लतर को मुग्ध निहारता हुआ आदमी, बालम ककड़ियों की ढीग, मकई के आटे को गूँधते हाथ शामिल हैं। यह दुनिया अमर्ष और संघर्ष, राग और आग की ऐसी दुनिया है जहाँ निरन्तर भूखण्ड तप रहा है। इस तपते हुए भूखण्ड से निकली उनकी कविता में भय और दहशत का अहसास किसी अखबारी सूचना के स्तर पर नहीं अपितु स्थितियों के पीछे छिपी अमानवीयता को जानने की विवशता में जन्मा है। उनकी कविता का यह संसार अपने बहुत नजदीक ही आदमी के जूझने, थकने और फिर कुछ देर के लिए उदास हो जाने का मूर्त संसार है। देवताले की कविता में गिरफ्तार कर लेने वाली स्मार्टनेस और मुहावरेदार नाटकीयता नहीं है पर इसके बावजूद वे अपनी सादगी से घेरते हैं। एक खरे और निजी काव्य सत्य की आँच उनकी कविता में है इसीलिए यह आकस्मिक नहीं है कि वे एक साथ बहुत सहज और गहन कविता लिख लेते हैं।[2]

'लकड़बग्घा हँस रहा है' से आगे कविता का पाठक ज्यों-ज्यों 'रोशनी के मैदान

की तरफ' बढ़ते हुए पत्थर की बेंच तक पहुँचता है त्यों-त्यों उसे यह अहसास बराबर बना रहता है कि हम एक अनुभव सम्पन्न प्रगतिशील प्रौढ़ कवि की ऐसी कविताएँ पढ़ रहे हैं जिनका हमारे इस हाहाकार भरे समय से गहरा रिश्ता है।

कविता के कथ्य और ब्रिन्यास में जिसे नयापन कहते हैं देवताले उसे प्रत्येक कविता में पूरी ताकत के साथ पकड़ने की कोशिश करते हैं। वह कविता की दुनिया में, प्रत्येक जो बुझा है उसे हरा करने की कोशिश करते हैं। अरविन्द त्रिपाठी की यह बात सही है कि इस हरापन अभियान में उनकी स्मृतियाँ बहुत काम आती हैं। कहीं-कहीं उनकी कविताओं में स्मृतियों का रचाव इतना सुखद और मार्मिक है कि पाठक अभिभूत हो जाता है। अपने बीते कल को आज का यथार्थ बनाकर पेश करने की कला देवताले में अद्‌भुत है। स्मृतियों से बुनी हुई रस्सी की तरह चन्द्रकान्त देवताले के कवि ने अनेक ऐसी कविताएँ लिखी हैं जिनमें आज के समाज और मनुष्य के संघर्ष की गाथा को एक क्रमबद्ध इतिवृत्त की तरह बाँधा जा सकता है। उदाहरण के लिए 'इतिहास हादसा', 'पुनर्जन्म', 'नागझिरी', 'गाँव तो थूक नहीं सकता था मेरी हथेली पर', जैसी कविताओं में स्मृतियों की एक सघन और मार्मिक दुनिया रची-बसी है। आज के उत्तरआधुनिक दौर में जो लोग यह मानते हैं कि अब इस दुनिया में जीवन और मनुष्यता शेष नहीं है उनको एक बार चन्द्रकान्त देवताले की कविताओं में से अवश्य गुजरना चाहिए क्योंकि उनके यहाँ ये दोनों चीजें कुरूप होते हुए आज भी बहुत सुन्दर हैं।[3] 'गाँव तो थूक नहीं सकता था मेरी हथेली पर' देवताले की अत्यन्त श्रेष्ठ कविता है जहाँ कवि ने प्रौढ़ आदमी के बचपन के ननिहाल की समृद्ध दुनिया का सलीकेदार वर्णन किया है। पूरी कविता एक गाँव, एक युग, एक जीवन की कथा है। जाहिर है वह सब अतीत है, फिर क्या है कि वह आज अपने बचपन के ननिहाल, हाट में लौटना चाहता है। यह पूरी कविता अपनी परम्परा और स्मृति के साथ आधुनिक समाज में एक दिलचस्प जिरह है जिसका कोई विकल्प इस आधुनिक सभ्यता के पास नहीं है। यह कविता लोक-जीवन का वैभव नहीं बल्कि खोई हुई मनुष्यता का वैभव है। सभ्य समाज के तथाकथित भद्रलोक नानी द्वारा हथेली पर थूकने के शुभ मिथ को पिछड़ापन कह सकते हैं पर इस क्रिया के पीछे स्वजनों को कभी न भूलने की याद और उनके द्वारा यशस्वी तथा शुभ जीवन की कामना का जो सन्देश है उसे सभ्य समाज के लोग क्या समझेंगे जिनको रोजमर्रा जीवन में अतिथियों के आगमन को एक महान् बोझ समझा जाता है। कविता की शुरुआत ग्रामीण जीवन के जिस आत्मीय रिश्ते के साथ प्रकट होती वह अब गाँवों में भी छीज गया है।[4] कवि इस कविता में कहता है—

मामा और मौसी का बेटा गोपीचन्द
नियमपर्वूक प्लेटफार्म पर होते और बाहर

सफेद और चितकबरे से जुती बैलगाड़ी
फिर गोपी भैया बैलों को आर लगाता
मुँह से अद्‌भुत आवाजें निकालता
जिनसे मेरी आँखें कटी सी फटी रह जातीं।

चन्द्रकान्त देवताले के कवि के पास समय की चिन्ताओं को कविता में जीवन्तता के साथ हस्तान्तरित करने की कला विद्यमान है। यह दूसरी बात है कि बहुत बार उनकी कविताओं का डिक्शन मुक्तिबोध की कविताओं से मेल खाता नजर आता है—

मैं जब तक होश में आया
वे सब जा चुके थे
सितार के टुकड़े मेरे भीतर चिबदा गये थे
मुड़ी-तुड़ी चाबियाँ मुझसे कुछ दूर पड़ी हुई थीं
मुझे लगा जैसे वक्त के मस्तिष्क की गठान
मेरे मस्तिष्क में उतर गयी है
और मैं हवा की भयभीत गठरी में बाँध दिया गया हूँ
अब सोचने के लिए कुछ नहीं था
केवल कुछ शब्द कानों में गूँज रहे थे—
'कोशिश करो
कोशिश करो'।

यही नहीं इसमें कहीं अन्धी बावड़ियाँ हैं, अन्धी कौड़ियाँ हैं, लकवाग्रस्त गूँगे, खूबसूरत ठण्डी रातों वाले पठार, भूकम्प के धक्के से घड़ी के गिरने या खिड़की के शीशे तक के चटकने की आवाज, घुप्प गुफा आदि हैं। इस डिक्शन से बाहर निकलकर कवि जहाँ अपनी बेचैनी, तनाव, पीड़ा, दुःख और वेदना को संवेदना की बोरसी में पिघलाकर औरत की तकलीफ को कविता का विषय बनाता है, वे कविताएँ न केवल विविधता की दृष्टि से अपितु संवेदनात्मक धरातल पर भी अन्तर्जगत को अधिक सम्पन्न बनाती हैं। इस सन्दर्भ में 'औरत', 'मेरा एक सपना यह भी', 'काली लड़की', 'वह औरत', 'फिलवक्त' जैसी कविताएँ उल्लेखनीय हैं। 'मेरा एक सपना यह भी' कविता में कवि कहता है—

नींद में हँसते देखना उसे
मेरा एक सपना यह भी
पर वह तो
माथे की सलवटें तक
नहीं मिटा पाती सो कर भी।

देवताले की कविता में प्रयुक्त 'औरत' का यह सन्दर्भ अकवितावादियों की औरत से पूर्णतया भिन्न है। विजय कुमार देवताले की कविताओं पर विचार करते समय यह बात कहते हुए नहीं चूकते कि अकविता दौर की कुछ विशेषताओं का वे आज भी रचनात्मक इस्तेमाल कर रहे हैं।[5] यह कहते हुए वह एक बात और भी जोड़ देते हैं कि जिन अर्थों में देवताले एक बन्द परिवेश की आन्तरिक लय को पकड़ते हैं उनमें उनकी सबसे बड़ी ताकत उस भयावह चुप्पी को मूर्त करने में है जो चीजों और मनुष्यों के बीच बनने वाले सम्बन्धों पर फैली होती है। देवताले के यहाँ एक बुनियादी करुणा है पर सन्दर्भ को वे रच रहे होते हैं उसमें इस करुणा का प्रकट रूप इतना क्षीण होता है कि भाषा की भीतरी तहों में निस्संगता एक नाटकीय तनाव रचती है।[6]

साठोत्तरी हिन्दी-कविता ने कुछ समय तक एक क्रान्तिकारी बाना धारण किया था। तमाम कवियों की कविताएँ एक जैसे सुर में एक जैसी बोली बोल रही थीं। देवताले का कवि भी अपनी आरम्भिक कविताओं में उस 'रिदम' और 'रियेक्शन' से मुक्त नहीं है। यही कारण है कि उनकी अधिकांश कविताओं में जहाँ एक ओर बिम्ब बहुलता देखने को मिलती है वहाँ कुछ कविताओं में देवताले का कवि इस बिम्ब बहुल ढाँचे को तोड़ता है।

'रोशनी के मैदान की तरफ' कविता-पुस्तक के फ्लैप पर प्रकाशित टिप्पणी में विष्णु खरे ने देवताले की कविता को 'स्थानीय' कविता कहते हुए लिखा है कि चन्द्रकान्त देवताले की कविता एक दृष्टि से बहुत स्थानीय कविता है—दरअसल मुक्तिबोध के बाद पश्चिम मध्यप्रदेश और मालवा के भूगोल, भाषा, संस्कृति तथा वातावरण का इतना नजदीकी, गहरा और सहज प्रभाव शायद किसी और समकालीन कवि पर इस या किसी अन्य प्रदेश का नहीं है और यह किसी आंचलिक मुद्रा के चलते नहीं बल्कि वहीं का जीवन देखने, सुनने और जीने की विवशता से हुआ है।[7] गहराई से देखें तो देवताले की कविताएँ स्थानीय कविताएँ हरगिज नहीं हैं उनकी कविता के विभिन्न डाइमेन्शंस हैं। देवताले की कविताओं में नदियाँ, पहाड़, कस्बे की धूल-धक्कड़, साप्ताहिक हाट-बाजार, सड़कों पर खड़े मवेशी, दुकान-चौराहे, रास्ते चलते साधारण लोग, स्त्रियाँ, भीड़, बरसात और दिनचर्या के अनेक सन्दर्भ हैं। उनकी विशेषता इसमें नहीं है कि कवि की रचना में ये ढेर सारी चीजें और इतने सारे लोग आये हैं। विशेष बात इस ठहरे हुए परिवेश में असंख्य लोगों द्वारा जिए जा रहे एक नामहीन जीवन की आन्तरिक लय को इन सब सन्दर्भों में गूँथ देना है। देवताले की कविताओं में ये सभी चीजें अपने स्थूल रूप में न आकर अवचेतन के स्मृति-बिम्बों और विचारों की एक ऐसी संग्रथित लय में आती हैं कि एक ठहरे हुए समय का अनुभव एक से अधिक स्तरों पर व्यंजित होता है।[8] यदि हम चन्द्रकान्त देवताले

के समकालीन कवियों की कविताओं को देखें तो उनमें मिलने वाला मनुष्य मात्र राजनीतिक मनुष्य है जिसमें देश, जनता, जनतन्त्र तथा सत्ताधारी राजनेताओं अथवा व्यवस्था के प्रति एक गुस्सा और झुँझलाहट है। इसके विपरीत देवताले की कविताओं में यह सब होते हुए भी राग और आग के ऐसे अनगिनत बीज हैं जो उसकी कविता के वस्तुजगत को एकआयामी नहीं बहुआयामी बनाते हैं। मेरी दृष्टि में देवताले की कविताओं से निकलने वाली राग और आग की सन्तुलित लय देवताले के कवि को एक अलग पहचान देती है। देवताले के कवि को जहाँ एक ओर चिन्ता है कि–

चिड़िया को अपनी जगह पर
घोंसला नहीं मिला
और अपने रुदन को वह
आकाश और कमरे के बीच बाँटने लगी।

वहाँ देवताले का कवि यह कहने में संकोच नहीं करता–

स्त्री के साथ और उसके भीतर रहकर ही मैंने अपने आपको पहचाना है
उस अपने को जो हड्डियों और मांस के परे रहता है :
और फिर भी शाकाहारी नहीं है
और जब वह मेरे लिए अन्धड़ की तरह बिफरती है
तभी मुझे यकीन आता है कि मेरे भीतर जलती लौ बुझ नहीं सकती
क्योंकि औरत आग पर सिर्फ रोटियाँ ही नहीं सेंकती है
खुद आग की हिरनी की तरह चौकड़ी भी भरती है
औरत का आग से रिश्ता बेबात नहीं होता
मैं जहर में डूबकर आऊँ या पराजय में धँसकर
औरत की आँखें मुझे काँच के गिलास को धोकर पारदर्शी बना देती हैं।

देवताले की स्वीकारोक्ति है–

सचमुच मैं भाग जाता चन्द्रमा से फूल और कविता से
नहीं सोचता कभी कोई भी बात जुल्म और ज्यादती के बारे में
अगर नहीं होतीं प्रेम करने वाली औरतें इस पृथ्वी पर।

संवेदनाओं की गहराई तथा मानवीय रिश्तों की ऊष्मा की इंटेन्सिटी देवताले की कविताओं में उत्तरोत्तर बढ़ती चली गयी। इसे 'पत्थर की बेंच' में देखा जा सकता है। यहाँ देवताले के अनुभवों का एक छोर परिवार के रागात्मक परिवेश से जुड़ा हुआ है। उनके यहाँ मानवीय सम्बन्धों की ऊष्मा का गहरा अहसास है। 'नहाते हुए रोती औरत', 'बेटी के घर से लौटना', 'गोया मैं मौत से डरती हूँ', 'एक मरते हुए को खत' और 'गाँव तो थूक नहीं सकता था मेरी हथेली पर' जैसी कविताएँ परिवार के केन्द्र से उपजकर समय की विस्तृत परिधि की ओर फैल जाती हैं। 'नहाते हुए

रोती औरत' और 'बेटी के घर से लौटना' कविताओं को पढ़ते हुए विष्णु खरे की 'हमारी पत्नियाँ' और 'लड़कियों के बाप' कविताओं की अनायास याद आ जाती है। इन कविताओं में असाधारण भाव संस्पर्शिता है।[9] चन्द्रकान्त देवताले की प्रेम कविताएँ सामान्य अर्थों में प्रेम कविताएँ नहीं हैं। इनमें जीवन के जख्मों के बीच दैहिक सम्बन्धों से गुजरते हुए स्त्री और पुरुष का एक-दूसरे को पाने का ऐसा अहसास है जिस पर प्यार की इमारत खड़ी होती है। जवरी मल्ल पारख इस सम्बन्ध में कहते हैं कि यह सिर्फ ऐन्द्रिकता नहीं है और न ही परम्परागत अर्थ में प्रेम। इन कविताओं के द्वारा कवि हमें अहसास कराता है कि प्रगाढ़ता के आत्मीय क्षणों को जीते हुए किस तरह जीवन की तिक्तताओं के बावजूद स्त्री और पुरुष उन पुलों का निर्माण करते हैं जो जीने के लिए बेहद जरूरी हैं।[10]

देवताले की कविता की विशेषताओं का उल्लेख करते हुए चन्द्रकान्त बांदिवडेकर का कथन है कि सामान्य वस्तु, घटना, व्यक्ति की हरकतों से राजनीतिक, सामाजिक जीवन की सचाइयों का दर्शन कराना देवताले की खास भंगिमा है....बहुत बार देवताले की कविता में आवेशपूर्ग प्रस्तुतीकरण में अकविता की सरहद में घुसने की स्थितियाँ आती हैं परन्तु वचन-वक्रता की क्रीड़ा और संकेतमयता एवं व्यंजना की गहराई उसका काव्यत्व सुरक्षित करती है। वर्णन बयान में 'कन्ट्रास्ट' का प्रयोग भी यही कार्य करता है अन्यथा कुछ कविताएँ निबन्ध जैसी लगतीं कभी मोनोलोग का रूप भी लेती हैं।[11] कुल मिलाकर कहें तो देवताले की कविता भारतीय मिट्टी से उपजी कविता है जहाँ जीवन-संघर्ष और जिजीविषा, विचार और कर्म का द्वन्द्व, जिन्दगी का राग और आग विद्यमान है किन्तु उस आग की परिणति देवताले की कविता में समाज को बदलने या उसे आगे ले जाने में न होकर एक निराशाजनक सिचुएशन अर्थात् अपनी ही आदत बदलने में होती है–

> नागरिको: सफेदपोश डाकुओ, बड़े चोरों की तस्वीरों पर थूको
> और बचाओ अपराधों से गरीब मजदूरों को
> कायदे जुल्म-सजा के यदि नहीं बदलते
> तो तुम बदलो आदत अपनी
> सोचो इस विषय पर सचमुच
> ये विषय कठिन नहीं हैं।

सन्दर्भ संकेत

1. अरविन्द त्रिपाठी, 'पत्थर की बेंच पर इन्तजार नहीं', साक्षात्कार, मई 1997, पृ. 108
2. विजय कुमार, साठोत्तरी हिन्दी-कविता : परिवर्तित दिशाएँ, पृ. 243-244
3. अरविन्द त्रिपाठी, 'पत्थर की बेंच पर इन्तजार नहीं', साक्षात्कार, मई 1997, पृ. 109
4. वही, पृ. 109

5. विजय कुमार, कविता की संगत, पृ. 95
6. वही, पृ. 94-95
7. चन्द्रकान्त देवताले, रोशनी के मैदान की तरफ, फ्लैप से उद्धृत।
8. विजय कुमार, कविता की संगत, पृ. 94
9. जानकी प्रसाद शर्मा, 'समय के रू-ब-रू कविता', समकालीन भारतीय साहित्य, जनवरी-फरवरी 1997, पृ. 167
10. जवरी मल्ल पारख, 'लेकिन जो सच है', पश्यन्ती, जुलाई-सितम्बर 1997, पृ. 144
11. मंजुल उपाध्याय (सं), अथातो काव्य जिज्ञासा, पृ. 245

छोटे-छोटे अनुभवों से उपजी कविताओं का कवि : विनोद कुमार शुक्ल

समकालीन हिन्दी-कविता में सन् अस्सी के आस-पास जिन दिनों कुमार विकल की 'एक छोटी सी लड़ाई', मंगलेश डबलराल की 'पहाड़ पर लालटेन', अरुण कमल की 'अपनी केवल धार', राजेश जोशी की 'एक दिन बोलेंगे पेड़' तथा उदय प्रकाश की 'सुनो कारीगर' जैसी महत्त्वपूर्ण कविता की पुस्तकें सामने आयीं उसी के आस-पास कविता को 'लगभग जयहिन्द' कहता हुआ विनोद कुमार शुक्ल का कवि 'नया गर्म कोट पहिनकर' आया और 'विचार की तरह' चला गया।

सन् 1981 ईसवी में इस छत्तीसगढ़ी कवि की कविता पुस्तक "वह आदमी नया गर्म कोट पहिन कर चला गया विचार की तरह' शीर्षक से प्रकाशित हुई, जिसके सम्बन्ध में परमानन्द श्रीवास्तव ने टिप्पणी की है कि 'धूमिल के बाद प्रतिबद्ध कविता का नया मुहावरा विकसित करने वाले कवियों में विनोद कुमार शुक्ल का अन्यतम महत्त्व है। उन्होंने एक ओर प्रतिबद्ध दृष्टि, जीवन आस्था और नैतिक-विवेक का प्रमाण दिया, दूसरी ओर एक ऐसे स्वतन्त्र काव्य मुहावरे के लिए ध्यान आकृष्ट किया जिस पर विशिष्ट कवि प्रतिभा तथा परिवेश को स्थानिक रंगतों से गहरी संपृक्ति का निश्चित प्रभाव देखा जा सकता था।'[1] जिसे परमानन्द श्रीवास्तव 'प्रतिबद्ध-दृष्टि', 'जीवन आस्था' और नैतिक विवेक कहते हैं वह वस्तुतः मेरी दृष्टि में कविता की खूबसूरत इमारत बनाने के लिए किया गया शब्दों का "बुच वर्क" है। सम्भवतया इसी बात की ओर इशारा करते हुए डॉ. शंभुनाथ ने विनोद कुमार शुक्ल की कविताओं को नव्य रूपवाद की वापसी के रूप में विश्लेषित किया है। वह लिखते हैं कि कविता की अस्पष्टता को कला के मूल्य के रूप में अथवा पाठकों की व्यायामशाला के रूप में परिभाषित करने वाले लेखक कविता की सत्ता को एक बन्द सत्ता में बदल देते हैं। साथ ही इसके अर्थ को विकासशील अवधारणा के रूप में नहीं देखते।[2] इससे थोड़ा और आगे बढ़कर डॉ. बच्चन सिंह ने विनोद कुमार शुक्ल की कविताओं पर लातीनी जादुई यथार्थवाद का प्रभाव मानते हुए एक सही टिप्पणी की है कि इनमें

यथार्थ के साथ कुछ अयथार्थ, अद्भुत खिलन्दड़ापन आदि का समावेश होता है। वह आगे लिखते हैं कि यथार्थ सिर्फ सर्वहारा की फतह और गेहूँ के भाव तक सीमित नहीं है।[3] फिर भी विनोद कुमार शुक्ल के कवि के पास कुछ ऐसा है जो उसके संवेदनशील कवि को बचाये रखता है। यही वजह है कि वह अपने समय के खतरनाक और भयानक चुप को अपनी कविता में बयान करता है–

दरवाजा खुलते ही
स्टेनगन लिए हत्यारे घुस आते हैं
और एक-एक को मार कर चले जाते हैं
ऐसा बहुत होने लगता है
फिर भी दरवाजे के खटखटाने पर
कोई भी दौड़ पड़ता है
और दरवाजा खटखटाये जाने पर
दरवाजे बार-बार खोल दिये जाते हैं।

दरवाजा खटखटाने पर दरवाजे का बार-बार खुलना जीवन-संघर्ष, जिजीविषा तथा जिन्दगी के राग को प्रस्तुत करना है। मनुष्य की जिजीविषा को एक विशेष अन्दाज में बयान करते हुए विनोद कुमार शुक्ल की पंक्तियाँ हैं–

एक मनुष्य मनुष्य की प्रजाति की तरह
साइरन की आवाज सुनते ही
जान बचाने गड्ढे में कूद जाता है
गड्ढे के किनारे टहलती हुई
एक गर्भवती स्त्री
एक मनुष्य जीव को जन्म देने
सँभल कर गड्ढे में उतर जाती है।

यह भय और जीने के द्वन्द्व की ही परिणति है कि विनोद कुमार शुक्ल 'सब कुछ होना बचा रहेगा' जैसी कविताएँ लिख सके जहाँ मध्यवर्गीय सामाजिक विसंगतियों के बीच में से निकली जीवन के राग की बहुरंगी छवियाँ हैं। जिनमें मध्यप्रदेश की प्रकृति, पहाड़, पठार, पेड़, पत्थर तथा आदिवासी गन्ध मौजूद है।

अशोक वाजपेयी विनोद कुमार शुक्ल की कविता की दुनिया को निचले मध्यवर्ग और उसकी अनगिनत छोटी-बड़ी सचाइयों से उपजी दुनिया मानते हुए लिखते हैं कि विनोद कुमार शुक्ल की सारी व्यवस्था, जीवन की छवियाँ, मुद्राएँ और मुहावरे सब इस सीमित दुनिया से आते हैं। मुहल्ला, खटारा साइकिल, रडताइन, धँसी इमारत में बूढ़ा माली, म्युनिसिपैल्टी का नल, बाल्टी, औरत, लकड़ी, दुकानदार, चपरासी, किरायेदार, पेड़, हरा ता, पिंजड़ा, मालिक, घोड़ा, अठन्नी, गन्दा झोला, ईदगाह भाटा, नौकरी आदि मिलकर जो दुनिया बनाते हैं, वह निचले मध्यवर्ग की जानी पहचानी

लेकिन कविता से अब तक छूटी हुई सी दुनिया है।[4] विनोद कुमार शुक्ल की एक कविता है 'मानुष मैं भी हूँ' जहाँ कवि कहता है–

चारों तरफ प्रकृति और प्रकृति की दुनिया है
यदि मैंने कुछ कहा तो
अपनी भाषा नहीं कहूँगा
मनुष्य ध्वनि कहूँगा।

इन पंक्तियों को पढ़कर समकालीन कविता का जागरूक पाठक अपने से सवाल करता है कि आखिर यह 'मनुष्य ध्वनि' किस मनुष्य की है? क्या सर्वहारा वर्ग के उस मनुष्य की जो हर मौसम की मार झेलता हुआ अभावपूर्ण जीवन जीने के लिए अभिशप्त है क्या मध्यवर्ग के उस मनुष्य की जो सुविधाभोगी होते हुए भी उच्च वर्ग की ओर जाने के लिए विभिन्न विकल्पों के सोपान ढूँढ़ने में व्यस्त है और जिसे कवि के समकालीन कवि धूमिल ने 'समन्वयवादी मनुष्य' कहा है या फिर उस मनुष्य की ध्वनि–

जो न रोटी बेलता है, न रोटी खाता है।
वह सिर्फ रोटी से खेलता है।[5]

केदारनाथ सिंह की 'अकाल में सारस' कविता पुस्तक में एक कविता है जिसमें एक भारतीय किसान अपने पुत्र को जिन्दगी के अनुभव पर परखे हुए कुछ महत्त्वपूर्ण सूत्र सौंपते हुए समझाता है कि यदि वह गाँव लौटते समय कभी रास्ता भूल जाए तो आकाश में चमकने वाले ध्रुवतारे पर विश्वास न करके रात को गाँव में कुत्तों के भौंकने की गुर्राने वाली, चेतावनी देने वाली जागती आवाज पर विश्वास करना, यही आवाज उसे गंतव्य तक पहुँचा देगी। परिवेश से गहन जुड़ाव, परिपक्व जीवन-दृष्टि, वैचारिक प्रतिबद्धता और स्पष्ट तथा पारदर्शी विजन के परिणामस्वरूप ही केदारनाथ सिंह का अनुभव सम्पन्न संवेदनशील कवि यह बात कह सका है। विनोद कुमार शुक्ल की कविताओं पर विचार करते हुए एक कविता ध्यान आकृष्ट करती है–

कुछ दिन पहले गौने में आयी जो
वहीं खड़ी हो गयी बेसब्री से शरमायी
बस उसके पास
अथान आम का
पास पड़े पत्थर के ऊपर
उल्ला नमक उसने ही पीसा
बहुत साँवली वह
कि गोदना दिखता ठुड्ढी का
जब देखो उसको बिलकुल पास
कर-कर बँधी चोटी में

लाल हरे फुदनों का गुच्छा
ज्यादा चूड़ी
पैरों में पैरी
वह देख रही
कि विशाल लोहे के गेट से
आ रही मजदूरों की भीड़ एक थकी हुई ताकत से भरा बाँध।

इस कविता में विनोद कुमार शुक्ल का कवि जहाँ साँवली औरत की ठुड्ढी पर चित्रित गोदने को देखने में तल्लीन नजर आता है, ऐसा क्यों है कि अरुण कमल ऐन उसी वक्त कुछ प्रश्नों से उलझा एक बेचैन कवि के अन्दाज में 'सबूत' की कविता में पूछ रहा है–

सामने सड़क पर एक औरत की इज्जत जा रही है
और लोग अपने-अपने ओटों पर खड़े हैं चुपचाप
ऐसा क्यों हो रहा है
बगल में एक आदमी का खून हो रहा है
और लोग अपने-अपने दरवाजे बन्द कर सुन रहे हैं चुपचाप
ऐसा क्यों हो रहा है कि
हजारों लोग लेबनान में काटे जा रहे हैं
और सारी दुनिया अपने-अपने हथियारों में तेल डाल रही है।[6]

एक ही समय में कवियों की भिन्न-भिन्न चिन्ताएँ कविता के पाठकों के सामने जहाँ एक ओर बेशुमार सवाल खड़े करती हैं वहाँ दूसरी ओर रचना के सरोकार और कविता की सार्थकता तथा प्रासंगिकता पर प्रश्नचिह्न लगाती हैं। शंभुनाथ सिंह का यह कथन उचित प्रतीत होता है कि विनोद कुमार शुक्ल ने अपनी कविता को संकेतों की संरचना में उपस्थित किया है जिसमें उनका भाषागत अन्वेषण ही अधिक है। इस अन्वेषण का सांस्कृतिक परम्परा और यथार्थ के साथ बहुत ढीला सम्बन्ध है। इसलिए हिन्दी-कविता के साधारण पाठक के लिए भाषायी रूप को समझना मुश्किल है। हमें एक और निराला भले चाहिए पर दूसरे मुक्तिबोध की जरूरत नहीं है।

विनोद कुमार शुक्ल का अर्थ-परिवेश स्थान-स्थान पर पूर्व परम्पराओं से टूट गया है उनकी कविता में रूप ही वस्तु है अतः वस्तु से परिचित होने के लिए रूप के मनमाने संकेतों से वह पाठक नाता नहीं जोड़ सकता जो भाषा की कुछ परम्पराओं से बँधा है। उनके संकेतों में भाववादी अराजकता कितनी अधिक है इसकी जानकारी के लिए यह पंक्ति ही उठाएँ–'वह आदमी नया गर्म कोट पहिनकर चला गया विचार की तरह' इस वाक्य रचना में मूल्य को चमकाकर रूप को चमकाने की कोशिश झलक जाती है।[7]

कवि ज्यों-ज्यों अनुभव सम्पन्न होता है त्यों-त्यों उसके रचना संसार में भी

व्यापकता तथा विविधता आती रहती है, किन्तु 'लगभग जय हिन्द' से लेकर 'अतिरिक्त नहीं' कविता पुस्तकों तथा उनके उपरान्त विभिन्न पत्र-पत्रिकाओं में प्रकाशित कविताओं को देखें तो विनोद कुमार शुक्ल की ये कविताएं इसका अपवाद प्रस्तुत करती हैं। इस पर विचार करते हुए दामोदर सदन लिखते हैं कि मनुष्य के जीवन से, समाज से, देश से जिन कोमल तन्तुओं द्वारा सम्बद्ध है उन्हें और अधिक दृढ़ता प्रदान करने वाले कवियों को प्रगतिशील कहा जाए या विनोद कुमार शुक्ल को जिनकी कविताएँ पढ़ने के बाद मन में न आशा का संचार होता है और न निराशा का। कविता के शिल्प-विधान को पूरी तरह ध्वस्त कर देना ही यदि आधुनिक कविता का लक्ष्य है तो इस दृष्टि से विनोद कुमार शुक्ल मुझे सर्वाधिक प्रगतिशील कवि लगते हैं।[8]

कुल मिलाकर कहा जा सकता है कि विनोद कुमार शुक्ल की कविताएँ छोटे-छोटे क्षणों की पकड़ तथा छोटे-छोटे अनुभवों से उपजी ऐसी कविताएँ हैं जिनका संरचनात्मक जाटिल्य कविता के पाठक को बेचैन करने के बजाए आतंकित अधिक करता है। छत्तीसगढ़ की मिट्टी से उपजी होने के बावजूद भी ये कविताएँ सगी कविताएँ नहीं लगतीं। मजदूर का संदर्भ यद्यपि विनोद कुमार शुक्ल की विभिन्न कविताओं में आता है किन्तु उसकी कोई ठोस वैचारिक और व्यापक परिणति नहीं हो पाती। इसीलिए मुझे लगता है कि इन कविताओं में आदिवासी गन्ध तो है किन्तु आदिवासी दर्द नहीं। इनमें लोक-राग की लघु ध्वनियाँ तो हैं, किन्तु लोक-वेदना की तड़प और बेचैनी नहीं है; ये कविताएँ पृथ्वी के मंगल की कामना तो करती हैं, किन्तु पूरी धरती का गीत नहीं बन पातीं।

सन्दर्भ संकेत

1. परमानन्द श्रीवास्तव, समकालीन कविता का यथार्थ, पृ. 138
2. मंजुल उपाध्याय (सं.), अथातो काव्य जिज्ञासा, पृ. 264
3. बच्चन सिंह, हिन्दी-साहित्य का दूसरा इतिहास, पृ. 487
4. अशोक वाजपेयी (सं), तीसरा साक्ष्य, पृ. 169-70
5. शुकदेव सिंह (सं) धूमिल की कविताएँ, पृ. 70
6. अरुण कमल, सबूत, पृ. 59
7. मंजुल उपाध्याय (सं), अथातो काव्य जिज्ञासा, पृ. 271-72
8. साक्षात्कार, दिसम्बर 1981, पृ. 35

अनुभव और अनुभूति से उपजी कविताओं का कवि : ऋतुराज

देश की सरकारें
गलियों में बदल जाती हैं
और ये मेरे अपने लोग
बेल की तरह
हर बदलाव में लिपटकर
ऊपर कुछ ऊपर देखने की
चढ़ने की कोशिश करते हैं

—पुल पर पानी

लोगो!!
भविष्य में जीने वाले लोगो
सोच लो
अगर उसकी ताकत अभी भी कामयाब हो जाती है
तो आगे भी ऐसा ही होता रहेगा
बहते हुए बाजार की अँधेरी किसी गली में
घसीट कर
क्या हम इस बदमाश को खत्म नहीं कर सकते हैं??

—अबेकस

गरीब लोगों की आत्माओं से भाप निकलती है—
जिनसे चलती हैं रेलें छोड़ते हैं स्टीमर
उनके पसीने से बनता है पेट्रोल,
उनके खून से बनते हैं दुनिया के सारे रंग
उनकी जिजीविषा से दार्शनिकों विचारकों के
गम्भीर चेहरों पर दमकता है तेज

—सुरत निरत

ऋतुराज की तीन कविता पुस्तकों 'पुल पर पानी', 'अबेकस' और 'सुरत-निरत' से प्रस्तुत उपर्युक्त कवितांश कवि के काव्यात्मक विकास में आने वाले बदलाव को तो रेखांकित करते हैं साथ ही इस सोच को भी पुष्ट करते हैं कि ऋतुराज का कवि मूलतः और अन्ततः सामाजिक चिन्ताओं का कवि है। यह सामाजिक चिन्ताओं के प्रति अत्यधिक जागरूकता का ही परिणाम है कि ऋतुराज 'हसरुद्दीन' जैसी कविता रच सका है, ऐसी कविता जो मनुष्य को विरोध में खड़े होने की सीख देती है–

हसरुद्दीन! तुम उस आने वाली
बेहतर दुनिया की बुनियाद हो
फिर भी तुम इस मलवे में
दलदल कीचड़ काई के पोखर में
एक लारवा जैसे क्यों रहते हो?

हसरुद्दीन आजाद हिन्दुस्तान का एक शिक्षित अध्यापक है जिसे कवि ने 'बेहतर दुनिया की बुनियाद' कहा है। इसी हसरुद्दीन को आजादी के इतने वर्षों बाद भी न तो ब्राह्मण, रहने के लिए किराये का मकान देता है और न ही इसे लाला की देहरी पर अपनी प्यास बुझाने के लिए एक गिलास पानी नसीब होता है। कहने को उसे समाज निर्माता कहा जाता है, किन्तु जिन्दगी की बुनियादी जरूरतों के अभाव में वह अपना सर छुपाने के लिए घर तक का निर्माण नहीं कर पाता। उसका जीवन साइकिल का पहिया घुमाते हुए परिवार के भरण-पोषण में ही रफ्ता-रफ्ता खत्म हो जाता है।

ऋतुराज ने हसरुद्दीन जैसे पात्रों को कविता का विषय बनाकर आदमी के विरोध की भूमिका को रचनात्मक स्वरूप प्रदान किया है। वर्तमान पूँजीवादी व्यवस्था और सत्ता द्वारा मनुष्य के खिलाफ की जा रही तमाम साजिशों को समझते हुए कवि अनेक सवालों से कविता के पाठक को बींधता है। इसी बात को स्पष्ट करते हुए जीवन सिंह लिखते हैं कि जीवन में जिन्होंने सब कुछ सहन करने की आदत बना ली है वे यथास्थिति के पोषक होते हैं। यह सही है कि ऐसी स्थितियों में विरोध की मानसिकता का आधार निर्मित करना कितना रचनात्मक हो जाता है यह बहुत स्पष्ट है। ऋतुराज की कविता ने आज तक यही मुख्य काम किया है। विरोध में प्रबल आस्था से ऋतुराज की कविता को जीवन के एक बड़े रूप का आधार मिलता रहा है। उनकी एक कविता है–'शेर उसके दोनों बैलों को खा गया उसने शेर को मार दिया' जो जीवन सह अस्तित्व के लिए किए जाने वाले संघर्ष को रेखांकित करती हुई एक सही निष्कर्ष तक पहुँचती है–

मैंने तुम्हें मारा
तब शायद तुमने मेरी आँखों में खुशी के आँसू नहीं देखे
जानता हूँ
एक राजा मरेगा तो दूसरा राजा होगा

लेकिन तुम्हारी इस मौत के बाद
वह जमीन पर फूँक-फूँक कर पांव रखेगा

इसी संघर्ष का कमाल है कि उसने जीवन में विकास की प्रक्रिया को जन्म दिया है। हमारा जीवन आज जिन जटिल समस्याओं से होकर गुजर रहा है उनमें जीवन की सही दिशा तय करने के लिए न केवल ज्ञान के उच्चतर स्तर की आवश्यकता है बल्कि उससे अधिक संवेदनशीलता की जरूरत है अन्यथा सारा ज्ञान किताबी ज्ञान से ज्यादा लाभकारी नहीं होता। हम देख रहे हैं कि चाहे अफ्रीका की स्वतन्त्रता और समानता के लिए फाँसी के फंदे को चूमने वाला युवा कवि मोलाइस हो या रक्त रंजित समाचारों से भरी पंजाब की असुरक्षित धरती हो या दूसरों के लिए बेच दी जाने वाली लोक की जमीन हो सर्वत्र चिन्ता-ग्रस्तता का भयावह साम्राज्य है। हमारे जीवन में घट रही इन घटनाओं से रोजाना के अखबार हमें परिचित करवाते रहते हैं लेकिन कविता के माध्यम से इनका मात्र परिचय ही नहीं होता किन्तु वह एक स्थायी भाव को निष्पन्न करती है जो कविता की अपनी दुनिया का वैशिष्ट्य है।[1]

'सुरत-निरत' से पूर्व प्रकाशित कविता संकलनों की कविताओं पर यदि गम्भीरता पूर्वक विचार किया जाए तो उनमें कवि के अन्तर्विरोध साफ देखे जा सकते हैं। इसे महज संयोग ही कहना होगा कि ऋतुराज ने 'अबेकस' के 'डेंजर जोन' में 'हसरुद्दीन' को गिरफ्तार किया। सन् 1967 में प्रकाशित 'एक मरण धर्मा और अन्य' कविता पुस्तक के एक सौ सत्रह पृष्ठों में फैली कविता की दुनिया, एक अजीबोगरीब दुनिया है, जिसे चार खण्डों में क्रमशः 'प्रागैतिहासिक मन', 'ऋक्', 'मरण धर्मा' तथा 'खिल' के द्वारा कवि ने प्रस्तुत किया है। राजस्थान साहित्य अकादमी द्वारा प्रकाशित इस पुस्तक की एक पूरी कविता यहाँ उद्धृत की जा रही है--

हरे का होना गहरे हरे का नीला गहरा
नीला और हल्का काला कत्थई शीशम की
तरह बदल जाना किन्तु जो सब
ओर सूखा और खिला गहरा हल्का होता
हुआ वृक्ष से पहाड़ हो जाता है खुले
मैदान में और बालू में वस्त्र चढ़ाकर
उन्हें महत्त्वपूर्ण कर देता है वह शून्य
और मौन और अर्थ हीनता का भीगा है।

'पीला' शीर्षक से प्रकाशित ऋतुराज की इस कविता की वस्तु सम्भवतः कवि के जहन में स्पष्ट रही होगी किन्तु कविता का बाना धारण करते समय वस्तु और रूप ने मिलकर किस तरह की शक्ल बना डाली इसे कविता का पाठक स्वयं देख सकता है।

'सुरत-निरत' तक पहुँचते कवि अपने समकालीन कवियों के बीच एक विभाजक रेखा खींचते हुए अपनी अलग पहचान बनाता है। इधर की कविता जिन्दगी की आलोचना ही नहीं है अपितु उस आलोचना सार से निकली ऐसी कविता भी है जो जीवन को सौम्य, स्निग्ध और पुनीत बनाती है जो सही अर्थों में सृजन है। एक रचनाकार का काम केवल जीवन में व्याप्त विसंगतियों, विडम्बनाओं और तनावों का चित्रण भर करना न होकर जीवन के वास्तविक सृजन उसके ऊर्जा एवं उल्लास पक्ष को वाणी प्रदान करना भी होता है तभी रचना स्वयं विखण्डन से बचती हुई यथार्थ को पूर्णता प्रदान करती है।[2] इस संदर्भ में ऋतुराज की 'झोंपड़ी' नामक कविता को देखा जा सकता है–

पहाड़ की चोटी पर बनी झोंपड़ी
बुलाती है मुझे
चट्टानी ऊँचाइयों और उन से भी ऊपर
आदमी का कद
मोहता है मुझे
जिसने रखे होंगे पत्थर पर पत्थर
और बाँधे होंगे बाँध
जिसने भी तोड़-तोड़ कर चट्टानें
बनाया होगा आँगन
वह क्या नहीं करता होगा
जिन्दगी को बेहद प्यार।

इस संग्रह की 'सूखा–तीन जल स्मृतियाँ' शीर्षक कविता में ऋतुराज का संवेदनशील कवि यह कहते हुए नहीं चूकता–

इस आदमी का दिल बहुत छोटा हो गया है
पानी पीने के बजाए
शाम के लिए उसे बचाकर रखता है।

इस तरह के कवितांशों को देखें तो हम निश्चित रूप से कह सकते हैं कि ऋतुराज बहुत गहरे मानवीय प्रेम के कवि भी हैं। उनके प्रेम में अवसाद और उदासी का रंग गहरा है। विजय कुमार का कथन इस संदर्भ में सही प्रतीत होता है कि जिन जीवन खण्डों और मनःस्थितियों को वे कविता के लिए चुनते हैं उनमें निहितार्थ इस अमानवीय होते जाते संसार में अपनी रक्षा के उपकरणों को खोजना है। ये उपकरण एक स्मृति की भीतरी लय से मिल सकते हैं किसी अपरिहार्यता को टालने की एक क्षीण इच्छा से जुटाए जा सकते हैं या एक बीतते हुए समय का हृदयग्राही कोण पकड़ लेने में है।[3] इस सन्दर्भ में उनकी एक अन्य कविता–'एक बूढ़ा आदमी अपने बेटे के लिए सेब खरीदता हुआ' विशेष रूप से उल्लेखनीय है यह कविता वर्तमान

व्यवस्था में आम आदमी के दैनिक जीवन की लाचारियों का बड़ी शिद्दत से खुलासा करती है। इस कविता में एक गरीब बूढ़ा आदमी अपने बीमार बेटे के लिए सेब तो खरीदना चाहता है किन्तु सेब खरीदने के लिए उसके पास पैसे नहीं हैं। अन्ततः वह विवश होकर सोचने लगता है कि क्या सेब को देखने भर से ही उसके गुण नहीं मिल सकते यदि ऐसा सम्भव हो सके तो वह भी सेब के गुण ले ले, उसके सारे तत्त्व आँखों से चुरा ले और अपने बीमार बेटे को दे दे जिसे डॉक्टर के अनुसार बीमारी से छुटकारा पाने के लिए सेब खाना निहायत जरूरी है सामान्यतः जहाँ एक औसत कवि के यहाँ यह कविता समाप्त होती ऋतुराज का कवि वहीं से उसे प्रारम्भ करता है और फिर उसके बाद उस कविता में क्या घटित होता है इसे जानना बहुत दिलचस्प है—

> बार-बार दुनिया के एक फल के पास जाकर
> लौटता हूँ मैं एक बूढ़ा आदमी
> डॉक्टर कहते हैं सेब तुम्हें खाने चाहिए
> क्या देखने भर से नहीं मिल जाते गुण?

इस साधारण से प्रतीत होते काव्यांश में कई बातें एक साथ घटित होती हैं जिनका विजय कुमार ने सुन्दर विश्लेषण किया है। वे लिखते हैं—दुनिया शब्द के विराट ध्वन्यार्थ के बरक्स महज एक सेब का मेग्निफिकेशन ('दुनिया के एक फल के पास जाकर') क्या महज एक काव्यात्मक चमत्कार है। भाषा बिना किसी अलंकार के महज संवेदना की आँच से उस वस्तु के आकार को कितना बड़ा किए दे रही है, जिस तक एक लाचार और असमर्थ बूढ़े को पहुँचना और फिर लौट आना है उसकी इच्छा संघर्ष और पराजय क्या एक मामूली सी घटना का अर्थ विस्तार नहीं हो रहा है? बूढ़े की असमर्थता का चित्रण यहाँ कविता का प्रारम्भिक बिन्दु है, क्योंकि कविता इस असमर्थता का अर्थ सम्प्रेषित करने के बाद भी उससे आगे कुछ कहना चाहती है। कैसे यह आदमी अपनी लाचारी की क्षतिपूर्ति करेगा, उसके संस्कार किस तरह आहत होने की पीड़ा से उसे उबारकर दोबारा इसी दुनिया में खड़े होने के लिए तैयार कर देंगे? आप देखेंगे की कवि यहाँ अपनी ओर से कुछ भी नहीं कह रहा; वह सिर्फ उस बेहद साधारण आदमी के विषाद की तह में जाकर एक 'ह्यूमर' को निकाल लाया है यह ह्यूमर उस लाचार आदमी की जीवन शक्ति भी है। वह पूछता है—क्या देखने भर से नहीं मिल जाते गुण?[4]

'अबेकस' में ऋतुराज ने हसरुद्दीन को कविता में गिरफ्तार तो किया था, किन्तु पूरी कविता में हसरुद्दीन की कोई मुकम्मल शक्ल नहीं बन पायी जबकि 'सुरत निरत' में ऐसी विभिन्न कविताएँ हैं जिनमें संघर्ष करते मुनष्य की एक शक्ल बनती है यहाँ 'गरीब लोग' कविता का एक उदाहरण द्रष्टव्य है—

मैं नहीं हूँ गरीब
मैंने काट कर अपनी फटी बाँहें
कमीज का बनाया है बुशर्ट
बनियान की पट्टी को नीचे से उधेड़
डाला है कच्छे में नाड़ा
रब्बड़ की चप्पल में अटकाई है पिन
मेरे पास चुभाने के लिए पिन है
मैं गरीब नहीं हूँ।

दर्द, अनुभव, अनुभूति, वस्तु और रूप जब एक-दूसरे में पूरी तरह से 'डिजालव' हो जाते हैं तो 'सुरत निरत' का सृजन होता है जिससे कविता की एक ऐसी कोंपल फूटती है जो यथार्थ और रूप के बाँकपन के सम्बन्ध में नये सिरे से सोचने के लिए बाध्य करती है।

सन्दर्भ संकेत

1. आलोचना, अक्टूबर-दिसम्बर 89, पृ. 63-64
2. वही, पृ. 65
3. विजय कुमार, कविता की संगत, पृ. 116-17
4. वही, पृ. 114

मनुष्य मंगल के लिए रची कविताओं का कवि : विश्वनाथ प्रसाद तिवारी

बचाना ही हो तो बचाये जाने चाहिए
गाँव में खेत, जंगल में पेड़, शहर में हवा,
पेड़ों में घोंसले, अखबारों में सच्चाई, राजनीति में
नैतिकता, प्रशासन में मनुष्यता, दाल में हल्दी।

मैं छुपाता हूँ अपने भीतर प्यार

सद्गृहस्थनें छुपाती हैं जैसे अपनी पुरानी चिट्ठियाँ,
मछलियाँ अपने आँसू
समुद्र जैसे अपनी प्यास।

माधो जब करता है कोई प्यार
तो उसके हाथ से न तो उजड़ता है कोई घोंसला
न फूटता है कोई काँच का गिलास
न हो सकता है उसके हाथों कभी तिनके का भी अनिष्ट।

उपर्युक्त तीनों कवितांश उदय प्रकाश की ताजा प्रकाशित कविता-पुस्तक 'रात में हारमोनियम' में से उद्धृत किए गये हैं। उदय प्रकाश समकालीन हिन्दी-कविता की उस परम्परा के कवि हैं जिसकी शुरुआत विश्वनाथ प्रसाद तिवारी की कविताओं से होती है। एक ऐसा कवि जिसने बहुत समय पहले घोषित किया था–

जिस दुनिया में लिखी जाएँगी बेहतर कविताएँ
वही होगी बेहतर दुनिया
शब्द और अर्थ नहीं है कविता
सबसे सुन्दर सपना है सबसे अच्छे आदमी का।

इससे थोड़ा और एक कदम आगे बढ़कर उन्होंने कहा था–

जो लिखते हैं कविताएँ
और करते हैं प्यार
वे धरती को थोड़ा और चौड़ा करते हैं
थोड़ा और गहरा,
थोड़ा और नम।

ऐसे समय में जब मनुष्य की संवेदनाएँ ठूँठ होती जा रही हैं, मानवीय रिश्तों की गरमाहट लगभग समाप्त होने को है, रिश्तों के चोये सूखते जा रहे हैं, विश्वनाथ प्रसाद तिवारी की कविताएँ एक नयी उम्मीद, नये विश्वास, नयी उमंग, नयी आस्था और नयी जिजीविषा के साथ कविता के पाठकों को उद्वेलित करती हुई सामने आती हैं। गहराई से देखें तो ये कविताएँ जिन्दगी की, मनुष्यता की और मनुष्य के भीतर बची प्यार की फाँक की मुकम्मल तस्वीरें हैं। विश्वनाथ प्रसाद तिवारी अपनी कविताएँ रचने से पूर्व अपने कवि को उस जमीन, उस नमी, उस लोक, उन अशिक्षित स्मृतियों, भारतीय आस्थाओं, मूल्यों, रिचुअल्स तक ले जाते हैं जहाँ से नयी सदी की हिन्दी-कविता के नये अंकुर फूटते हैं। यही जगहें और बिन्दु विश्वनाथ प्रसाद तिवारी की कविता का मूल उत्स है।

विश्वनाथ प्रसाद तिवारी भारतीय संस्कृति, अपनी विरासत और मानवीय मूल्यों को हरगिज खोने नहीं देना चाहते। उनके लिए ये सब वे बीज हैं जिसे तिवारी का कवि धरती अथवा धरोहर के रूप में आने वाले कल की आग के लिए बचाकर रखना चाहता है। उसके कवि की बेचैनी और आक्रोश उस बाजारवाद और पूँजीवादी सभ्यता से है जिसने मनुष्य और मनुष्यता के बीच अनगिनत दीवारें खड़ी कर दी हैं। इसी बात की ओर इशारा करते हुए नन्दकिशोर आचार्य 'प्यार की गुंजाइश की कविता' शीर्षक आलेख में लिखते हैं कि हमारी समकालीन कविता में जहाँ आक्रोश अधिकांशतः किसी न किसी राजनीतिक विचारधारा से प्रसूत होता है या उस ओर ले जाता दीखता है, विश्वनाथ जी का आक्रोश एक सहज जीवन के प्रति उनके संवेदनात्मक लगाव से प्रसूत होता और अपनी निष्पत्ति में उसी ओर ले जाता लगता है लेकिन आक्रोश तिवारी जी की कविता का मूल स्वर नहीं है उनका मूल स्वर प्यार का ही है और इसी में से उनकी भाषा में बातचीत का सहज अन्दाज, उनके बिम्बों में जीवन की सहज ऊष्मा और बयान में एक अन्तरंगता आ जाती है।

यहाँ एक बात जान लेना भी आवश्यक है कि विश्वनाथ प्रसाद तिवारी भारतीय संस्कृति, परम्पराओं, आस्थाओं और मूल्यों को ज्यों का त्यों अपनी कविताओं में पुनर्जीवित करने के पक्ष में नहीं हैं अलबत्ता वह उसको पुनर्जीवित करने की निहायत जरूरत महसूस करते हैं जो आज हमारे लिए सार्थक तथा प्रासंगिक है। इसके सम्बन्ध में उन्होंने अपने एक साक्षात्कार में स्वीकार भी किया है कि हिन्दी साहित्य में भारत की जो मूल परम्परा संजीवनी शक्ति के रूप में प्रवाहमान है वह आत्मवादी, मानववादी, कर्मवादी और मूल्यवादी परम्परा है। हमारे समाज में आज रूढ़ियों का जंजाल फैला

हुआ है लेकिन इसके यह माने नहीं कि रूढ़ियाँ ही हमारी परम्परा हैं। भारत एक अत्यन्त प्राचीन देश है और प्राचीन परम्पराओं के अपने खतरे भी होते हैं। एक लेखक की चिन्ता परम्परा को पुनर्जीवित करने की नहीं होनी चाहिए बल्कि परम्परा में जो सर्वोत्तम और प्रासंगिक है उसे रेखांकित करने की होनी चाहिए।

जिस समय हिन्दी कवि व्यवस्था का विरोध करते हुए सामाजिक, राजनीतिक विसंगतियों पर धारदार कविताएँ लिख रहे थे ठीक उसी समय विश्वनाथ प्रसाद तिवारी की कविताएँ मनुष्य के भीतर बन्द संवेदनशील दरवाजों पर दस्तक देती सामने आयीं। जो लोग यह मानते हैं कि कविता हू-ब-हू रियेलिटी होती है उनको यह बात भी जान लेनी चाहिए कि कविता कभी भी हू-ब-हू यथार्थ नहीं होती। हाँ, उसके भीतर यथार्थ बहता है—खारे पानी के दरिया की तरह। इस पानी को मात्र देखकर नहीं पहचाना जा सकता। इसे चखना जरूरी है। विशेष रूप से ऐसे समय में जब कि ऊपर से देखने पर अधिकांश कवियों की कविताएँ एक जैसी लगें। उस समय कविता की ऊपरी सतह को देखकर उसके मिजाज और प्रकृति का अन्दाजा लगाना कठिन काम है। कविता की दृश्यमान सपाटता के तल में सघन अर्थ-छायाएँ छिपी रहती हैं। विश्वनाथ प्रसाद तिवारी की कविताओं को इसी अर्थ में देखना होगा। इस दृष्टि से देखें तो तिवारी एक सशक्त तथा गम्भीर मानववादी कवि कहे जा सकते हैं जो स्वयं भी मानते हैं कि सच्चा साहित्य सम्पूर्ण मानव की अभिव्यक्ति है। कला या साहित्य की जाँच-पड़ताल यथार्थ और ईमानदारी की कसौटी पर होनी चाहिए। मार्क्सवाद और अस्तित्ववाद के दोनों सिरों से अपने को अलग करते हुए विश्वनाथ प्रसाद तिवारी कहते हैं कि लेखक अगर मानव विरोधी है तो उसकी निन्दा की जानी चाहिए। मेरी समझ से यह लेखक की सामाजिक प्रतिबद्धता है। प्रतिबद्धता किसी वाद, पार्टी या सिद्धान्त के प्रति नहीं होती। इस प्रकार की प्रतिबद्धता एक प्रकार की संकीर्णता और लेखकीय जड़ता है। उनका यह भी मानना है कि लेखक होने के लिए किसी लेखक संघ का सदस्य होना जरूरी नहीं है किसी संघ की सदस्यता लेखन को बेहतर नहीं बनाती बल्कि उसे सीमित और कंडीशन या कहें कि रूढ़िबद्ध बनाती है। फिर लेखक संघों की हकीकत मुझे मालूम है। प्रगतिशील लेखक संघ और जनवादी लेखक संघ के बारे में छोटी पत्रिकाओं में बहुत छप चुका है। दोनों एक-दूसरे पर आरोप-प्रत्यारोप करते हैं दोनों अपने को दूध का धुला और दूसरे को अपराधी घोषित करते हैं। जबकि सच्चाई यह है कि सामन्ती संस्कारों और पूँजीवादी, व्यक्तिवादी प्रवृत्तियों से दोनों मुक्त नहीं हैं। क्या बात है कि एक ही लेखक जब दूसरे लेखक संघ में जाता है तो लेखक वही होते हुए भी दूसरे संघ की दृष्टि में वह जन विरोधी या प्रगतिशील हो जाता है? आइडियोलोजी का नंगा नाच देखना हो तो चीन को देखिए। जून 89 के पहले हफ्ते में पेइचिंग के आन मन चौक पर धरना दे रहे हजारों निहत्थे छात्रों पर चीनी सेना ने गोलियाँ बरसाकर हजारों छात्रों

को भून दिया। चीन के आम नागरिक—युवा, वृद्ध और गोदी में बच्चे लिए औरतें सैनिक टैंकों के आगे लेटकर विरोध प्रकट कर रही थीं। चीनी छात्रों की मुख्य माँग थी—अभिव्यक्ति की स्वतन्त्रता, प्रेस की आजादी और कुछ चीनी नेताओं के भ्रष्टाचार की जाँच। जो आइडियोलोजी जनता की ऐसी माँग के जवाब में गोलियाँ बरसाती है उसे आप क्या कहेंगे। इसके उल्टा देखिए, रूस में ग्लास्नोत्स और पेरेस्त्रोइका के द्वारा गोर्वाचोव चीनी छात्रों की यही माँगें अपने देश में स्वयं पूरी करना चाहते हैं। अब हिन्दुस्तान के आइडियोलोजी वालों की ओर देखिए। ये चीनी सेना द्वारा की गयी गोली वर्षा का कोई विरोध नहीं करते। आइडियोलोजी से ही दुनिया बदल सकती तो भारत में कलकत्ता को सबसे पहले बदल जाना था लेकिन जनता की सबसे बदतर हालत कलकत्ता में ही है। विदेशी लेखकों ने हिन्दुस्तान की बदहाली के चित्रण के लिए कलकत्ता को ही नमूने के तौर पर पेश किया है। आइडियोलोजी या विचारधारा ज्ञान-मार्ग है इसे आप निर्गुण समझिए। इसे सगुण बनाने के लिए कर्म-मार्ग का सहारा लेना पड़ता है। इसीलिए हमारे यहाँ विचार के साथ आचार की बात की गयी है। कहा गया है कि अँधेरे कमरे में दीप-दीप चिल्लाने से प्रकाश नहीं हो जाता उसके लिए केवल एक दीप जला देना पर्याप्त है भले यह काम आप बिना चिल्लाए कर दें। यदि कोई ऐसा नहीं मानता तो फिर किसी आइडियोलोजी में विश्वास या अविश्वास से क्या फर्क पड़ेगा। मेरा यह पक्का विश्वास है कि लेखक कभी जनविरोधी नहीं होता। रचनाकार के भीतर जब शिव का उदय होता है तो रचना जन्म लेती है। शिव अर्थात् मंगल का। आप किसी रचनाकार की किसी रचना का उदाहरण नहीं दे सकते जो मानवविरोधी हो। जहाँ तक मेरे विचारों का सवाल है वे किसी एक नाम के साथ बँधे हुए नहीं हैं—न मार्क्स के साथ, न फ्रायड के साथ, न गाँधी के साथ। मेरी समझ में किसी एक चिन्तक के साथ बँधकर लेखक उसका प्रवक्ता मात्र होकर रह जाता है। मेरे विचार दुनिया के उन सभी चिन्तकों से प्रभावित हैं जिन्हें मैंने पढ़ा है और जिन्होंने मानव-मंगल की दिशा में सोचा है। हाँ, यहाँ यह कहना जरूरी है कि सर्वाधिक प्रभावित मैं महात्मा गाँधी के विचारों से हूँ।

विश्वनाथ प्रसाद तिवारी इस पूरी पृथ्वी को मानवीय नजरिए से देखने वाले कवि हैं। उनकी कविताएँ मनुष्य के मंगल के लिए रची कविताएँ हैं जो कविता के पाठक के भीतर लम्बे समय तक उसी तरह बची रहेंगी जैसे—

धरती में बची रहती है
जन्म देने की शक्ति
और वृक्ष में बचा रहता है बीज
और बीज में जीवन
और जीवन में प्यार
और प्यार में जीवन।

वास्तव में किसी कवि को केवल इस आधार पर नहीं समझा जाना चाहिए कि उसने अपनी कविताओं में क्या कहा है। उसकी वास्तविक समझ इस बात को पहचानने में है कि उसकी भाषा और उसके बिम्ब लोक किस तरह की संवेदना से निकले हैं। यदि इस तथ्य के आधार पर विश्वनाथ प्रसाद तिवारी की कविताओं को देखा जाए तो उनको आत्मीय जीवन की तलाश में निकला हुआ कवि कहा जा सकता है। उनकी कविताओं को आक्रोश, क्रोध, सत्ता अथवा व्यवस्था विरोध में उपजी कहना उनकी कविता की दुनिया को सीमित करना होगा। विश्वनाथ प्रसाद तिवारी के सहकर्मी डॉ. परमानन्द श्रीवास्तव उनकी कविताओं को मार्क्सवादी चश्मे से देखते हुए आरोप लगाते हैं कि विश्वनाथ प्रसाद तिवारी आतंकग्रस्त हैं। वे किसी महान् मूल्य के लिए अपना सब कुछ खोने को तैयार हैं पर संघर्ष की हिकमत खोजते कम दिखाई देते हैं। उनके इर्द-गिर्द एक भयावह वातावरण है, जिसे एक खास तरह की शब्दावली बनाती है–राजा, सिपाही, शिकारी, अध्यादेश, आचारसंहिता, कठघरा, रिवाल्वर, जुर्म, अभियोग, बेड़ियाँ, तनाशाह, गालियाँ, लपटें, अँधेरा, न्याय, न्यायाधीश, हत्या, सायरन, बारूद, ज्वालामुखी, विस्फोट, फैसला, फरमान, राज्यादेश–इस शब्दावली के पीछे जो मनोविज्ञान काम करता है उसकी जाँच होनी चाहिए। जानबूझ कर कुछ चुने हुए शब्दों को गिनाकर मूल संवेदना के भीतर विद्यमान शब्दों को नजरअंदाज करते हुए कविता का अर्थापन करना गम्भीर आलोचकीय दायित्व नहीं कहा जा सकता। काश! इन शब्दों को गिनाते समय परमानन्द श्रीवास्तव इन पंक्तियों को भी देख लेते कि–

कलम भर सकती है फूलों में रंग
पानी में आग
और आग में थोड़ी सी रोशनी
फेंको इसे तोलकर
शिलाखण्ड से फूट पड़ेंगे निर्झर
बह जाएँगे ब्रह्मास्त्र

श्रीवास्तव जी को रिवाल्वर, जुर्म, लपटें, बारूद, ज्वालामुखी–शब्दों के साथ, ओस से भीगी चट्टानों का दर्द भी महसूस करना चाहिए जो विश्वनाथ प्रसाद तिवारी का मूल स्वर है और जिसके आधार पर रेवती रमण ने विश्वनाथ प्रसाद तिवारी की कविताओं को दर्द की लिपि कहना उचित समझा है–

हमारी घाटी हमें वापस कर दो
वापस कर दो हमारी घाटी
तुम नहीं समझ सकते
ओस से भीगी चट्टानों का दर्द
न उस संगीत को
जब दूधिया चांदनी में धुल जाता है जंगल

तारों भरी रात में धुल जाता है जंगल
तारों भरी रात में फूल झरते हैं
और कंपती हवाओं, खिलती वनस्पतियों के बीच
हम एक दूसरे के लिए प्रतीक्षा करते हैं।

जिन आलोचकों को हँसुआ, हथौड़ा, मशाल शब्दों का प्रयोग करने वाली कविताएँ प्रगतिशील कविताएँ लगती हैं और इन शब्दों के अभाव में ओस से भीगी चट्टानों के दर्द, गाँव में रात को जलने वाले कउड़े, धान और जौ के अँखुओं, शृंगार करती स्त्री, पर्वत पर से गिरने वाले झरने के सौन्दर्य पर लिखी कविताएँ अप्रगतिशील लगती हैं उनको यह बात अच्छी तरह जान लेनी चाहिए कि विश्वनाथ प्रसाद तिवारी कुछ उन गिने-चुने दुर्लभ कवियों में से एक हैं जिनकी कविताएँ भारतीय मिट्टी से उपजी ग्रामीण रागात्मक बोध तथा ग्राम्य यथार्थ को प्रस्तुत करती बेहतर मनुष्य के सपने बुनती कविताएँ हैं। गहराई से देखें तो विश्वनाथ प्रसाद तिवारी का कवि अपनी कविताओं के यथार्थ को उस लोक से ग्रहण करता है जो उसकी कविता की जीवनी शक्ति है। इस सम्बन्ध में कवि की स्वीकारोक्ति है—यथार्थ का वह मूर्त संसार है जिसमें हम रहते हैं और जिसे अपनी इन्द्रियों से महसूस करते हैं। जिसे हम लोक कहते हैं वह इस यथार्थ संसार से जूझता रहता है। लेखक को अपने यथार्थ के लिए उस लोक तक जाना चाहिए। उससे उसे जीवनी-शक्ति प्राप्त होगी। यथार्थ वह सब कुछ है जो हमारे चारों ओर और प्रकृति के विविध रूपों में फैला हुआ है। इसमें मनुष्य भी है, मानवेतर जगत् भी, चेतन भी है और जड़ भी, घटना भी है और सम्भावना भी। यथार्थ को केवल मनुष्य के आर्थिक संघर्ष तक या उसकी गरीबी तक सीमित कर देना उस शब्द का भी अर्थ संकोच है और अनुभव का भी। प्रगतिशील की कसौटी पार्टी की सदस्यता मान ली गयी है और प्रासंगिकता को नितान्त तात्कालिक में रिड्यूस कर दिया गया है। हिन्दी-कविता में त्रिलोचन और धूमिल के उपरान्त विश्वनाथ प्रसाद तिवारी और केदारनाथ सिंह ग्रामीण रागात्मक बोध के कवि हैं। दोनों कवियों ने ग्राम्य जीवन से अपनी शब्द-सम्पदा अर्जित की है किन्तु इतना सब होने के बावजूद भी दोनों कवियों में एक बुनियादी अन्तर है। विश्वनाथ प्रसाद तिवारी की कविताएँ जहाँ संस्कृति, परम्परा और अपनी धरोहर की तलाश करने तथा उससे संवाद करने की कविताएँ हैं वहाँ केदारनाथ सिंह की कविताएँ अध्ययनरत मनुष्य तथा कर्मरत मनुष्य के द्वन्द्व की कविताएँ हैं। यद्यपि पृथ्वी के किसी कोने में छिपी दूब की हरियाली की चिन्ता दोनों को है।

विश्वनाथ प्रसाद तिवारी की कविताएँ मिट्टी के धीरज और दूब की विनम्रता को महसूस करने वाले उस मनुष्य की कविताएँ हैं जो जानता है शब्द के लिए बुरा वक्त है किन्तु ऐसे समय में भी उसे कलम की शक्ति पर पूरा विश्वास है। कवि कहता है—

उठाओ उसे
वह भर सकती है फूलों में रंग
पानी में आग और
आग में थोड़ी सी रोशनी।

विश्वनाथ प्रसाद तिवारी अपनी कविताओं में भारतीय गाँवों की एक मुकम्मल तस्वीर प्रस्तुत करते हैं। किसी भी कविता का छोटा-सा अनुच्छेदांश भी इस सन्दर्भ में उल्लेखनीय है–

अँधेरे में ढिबरी सा टिमटिमा रहा था गाँव
उड़े हुए रंग सा
पुँछे हुए सिन्दूर सा
सूखे हुए कुएँ सा
जली हुई रोटी सा
हँडियों में खदबदाते कोदो के दाने सा गाँव।

गाँव के कउड़े के चारों ओर बतियाने वाला गाँव का यही आदमी शहर में दो ईंटों के चूल्हे पर रोटियाँ सेंकते हुए देखा जा सकता है–

उसे सुबह-सुबह देखा
रेल लाइन के किनारे
सिर झुकाए उकड़ूँ बैठे
टिन के डिब्बे में पानी लिए
दो ईंटों का चूल्हा बनाकर
भीतर की थोड़ी आग जलाकर
रोटियाँ सेंकते।

विश्वनाथ प्रसाद तिवारी के चौथे कविता-संग्रह 'आखर अनंत' पुस्तक की अट्ठावन कविताओं के बीच से गुजरने पर ज्ञात होता है कि समुद्र कविता में समुद्र से कुछ माँगना, पहाड़ी बहादुर कविता में सेठ द्वारा सुबह सबसे पहले पहाड़ी बहादुर का मुँह देखना, रुपया शीर्षक कविता में स्वागत के लिए धर्मराज का उतरना, सड़क पर एक लम्बा आदमी कविता में बुढ़िया द्वारा सतयुग के लम्बे आदमी का जिक्र, अपने पुरखों के लिए कविता में मिट्टी में मिली हुई पुरखों की अस्थियाँ, नहीं दिखेंगी माँ कविता में आकाश के चन्दा-मामा को दूध-भात खिलाना, तुलसी के चौरे पर माँ द्वारा अल्पना बनाना, एक भारतीय स्त्री द्वारा तुलसी के पौधे को सींचना, तोते बिल्ली और गौरैया को दाने खिलाना, माँ और आग शीर्षक कविता में घर की आग से भूत-प्रेत का भय न रहना, लड़कियाँ कविता में लज्जा, अपमान और लांछन से फटती हुई धरती की कल्पना तथा त्रेता, द्वापर और कलयुग की चर्चा, वह लड़की शीर्षक कविता में कहारों के कन्धों पर डोली में हिलते हुए एक लड़की द्वारा अपना गोत्र, आँगन और